静座青枝上，蜗牛望北窗。

山上层层桃李花,云间烟火是人家。

踏遍青山人未老,
风景这边独好。

但乐清闲，乐自在，乐优游。

若无闲事挂心头,
便是人间好时节。

葫芦虽小藏天地,伴我云云万里身。

枇杷熟,麦花香,正是初夏好风光。

绿阴不减来时路,添得黄鹂四五声。

叶圣陶讲给孩子的写作课

⑥ 想象篇

叶圣陶 著

开明出版社
·北京·

图书在版编目（CIP）数据

叶圣陶讲给孩子的写作课. 想象篇 / 叶圣陶著.
北京：开明出版社，2025. 7. -- ISBN 978-7-5131
-9633-8

Ⅰ．G634.343

中国国家版本馆CIP数据核字第20255BJ915号

责任编辑：卓　玥

YESHENGTAO JIANGGEI HAIZI DE XIEZUOKE
叶圣陶讲给孩子的写作课

作　　者：	叶圣陶　著
出　　版：	开明出版社
	（北京市海淀区西三环北路25号 邮编100089）
印　　刷：	三河市兴达印务有限公司
开　　本：	880mm×1230mm 1/32
成品尺寸：	145mm×210mm
印　　张：	44.5
字　　数：	718千字
版　　次：	2025年7月第1版
印　　次：	2025年7月第1次印刷
定　　价：	198.00元（全八册）

印刷、装订质量问题，出版社负责调换。联系电话：（010）88817647

目 录

叶圣陶精讲
002　我和儿童文学
008　谈谈《小布头奇遇记》

叶圣陶佳作展示
022　稻草人
033　小白船
041　古代英雄的石像
048　玫瑰和金鱼
056　画眉
064　聪明的野牛
071　燕子
080　含羞草
092　地球

099　新的表

107　大嗓门

114　芳儿的梦

122　富翁

129　快乐的人

137　祥哥的胡琴

147　旅行家

156　一粒种子

162　梧桐子

170　鲤鱼的遇险

179　克宜的经历

叶圣陶精讲

我和儿童文学

先说我是怎么写起童话来的。

我的第一本童话集《稻草人》的第一篇是《小白船》，写于一九二一年十一月十五日，我写童话就是从这一天开始的。接着在十六日、十七日写了《傻子》和《燕子》；隔了两天，在二十日又写了《一粒种子》。不到一个星期写了四篇童话，我自己也不敢相信了。这种情形不止一次。那一年十二月二十五日到三十日，也是六天，写了《地球》《芳儿的梦》《新的表》《梧桐子》《大喉咙》，一共五篇。一九二一年冬季，正是我和朱佩弦（自清）先生在杭州浙江第一师范日夕相处的日子，两个人在一间卧室里休息，在一间休憩室里备课，闲谈，改本子，写东西。可能因为兴致高，下笔就快些。朱先生有一篇散文记下了那些值得怀念的日子，中间提到我写童话的情形，说我构思和下笔都很敏捷。我自己可完全记不起来了，好像从来不曾这样敏捷过。

我写童话，当然是受了西方的影响。五四前后，格林、安徒生、王尔德的童话陆续介绍过来了。我是个小学教员,对这种适宜给儿童阅读的文学形式当然会注意,于是有了自己来试一试的想头。还有个促使我试一试的人,就是郑振铎先生,他主编《儿童世界》,要我供给稿子。《儿童世界》每个星期出一期,他拉稿拉得勤,我也就写得勤了。

这股写童话的劲头只持续了半年多,到第二年六月写完了那篇《稻草人》为止。为什么停下来了,现在说不出,恐怕当时也未必说得出。会不会因为郑先生不编《儿童世界》了?有这个可能,要查史料才能肯定。从《小白船》到《稻草人》,一共二十三篇童话编成一本集子,就用《稻草人》作书名,在一九二三年十一月出版,列入《文学研究会丛书》,因为我是文学研究会的会员。

《稻草人》这本集子中的二十三篇童话,前后不大一致,当时自己并不觉得,只在有点儿什么感触,认为可以写成童话的时候,就把它写了出来。我只管这样一篇接一篇地写,有的朋友却来提醒我了,说我一连有好些篇,写的都是实际的社会生活,越来越不像童话了,那么凄凄惨惨的,离开美丽的童话境界太远了。经朋友一说,我自己也觉察到了。但是有什么办法呢?生活在那个时代，我感受到的就是这些嘛。所以编成集子的时候，我还是把《稻草人》这个篇名作为集子的名称。

在以后这三年里，我只写了六篇童话，我记不得了，是一位年轻朋友查到了告诉我的。一九二五年的五卅运动把我的注意力引到了别的方面，直到大革命失败以后，我才写了一篇《冥世别》。当时，无数革命青年被屠杀了，有些名流竟然为屠夫辩护，说这些青年幼稚莽撞，受人利用，做了别人的工具，因而罪有应得。我想让这些受屈的青年出来申辩几句。可是他们已经死了，怎么办呢？于是想到用童话的形式，让他们在阴间向阎王表白。这篇童话不是写给孩子们看的，所以后来没有编进童话集。我在这里提一下，是想说明有些童话可能不属于儿童文学。给文学形式分类下定义本来是研究者的事，写的人可以不必管它。

一九二九年秋天，我写了《古代英雄的石像》。这篇童话引起好些误解，许多人来信问我，这个石像是不是影射某某某。我并无这个意思，只是说就石头来说，铺在路上让大家走，比作一个偶像，代表一个实际上并不存在的英雄有意义得多。后来续安徒生的童话，作《皇帝的新衣》，我也并不是用这个皇帝影射某某某。一九三一年六月，我的第二本童话集《古代英雄的石像》出版，一共收了这两年间写的九篇童话。写得少的缘故，大约是做了许多年编辑工作，养成了不敢随便下笔的习惯。

直到一九五六年，中国少年儿童出版社要我选自己的童话若干篇，编成一本集子。他们说，这些童话虽然是解放前写的，让现在的孩子们看看，知道一些旧社会的情形，也有好处。我同意了，选了十篇，编成了《叶圣陶童话选》。这十篇中，《一粒种子》《画眉》《稻草人》是一九二一年到一九二二年写的，可以代表一个阶段；《聪明的野牛》是一九二四年写的，不曾收进童话集；《古代英雄的石像》《皇帝的新衣》《含羞草》《蚕和蚂蚁》是一九三一年到一九三三年写的，可以代表另一个阶段；最后两篇是一九三六年年初写的《鸟言兽语》和《火车头的经历》（在这两篇之后，就没有写过童话了）。我把这十篇童话的文字重新整理了一遍，因为这是给孩子们阅读的，不敢怠慢，总想做到通畅明白，念起来顺口，听起来入耳。

打倒"四人帮"之后，中国少年儿童出版社打算重排《叶圣陶童话选》，要我增选几篇。我答应了，从第一本集子《稻草人》中选出《玫瑰和金鱼》《快乐的人》《跛乞丐》三篇，从第二本集子《古代英雄的石像》中选出《书的夜话》和《熊夫人幼稚园》两篇，都经过重新整理，加了进去。为了区别于以前的版本，把书名改成《〈稻草人〉和其他童话》，在去年八月出版。

这几本童话集的插图，我都很喜欢。《稻草人》是许敦谷先生的钢笔画，《古代英雄的石像》是丰子恺先生的毛笔画，《叶圣陶童话选》是黄永玉先生的木刻。丰子恺先生和黄永玉先生是国内国外都知名的画家，许敦谷先生比他们早，现在知道他的人不多了。在二十年代，许先生为儿童读物画过不少插图，似乎到了三十年代，就看不到他的新作了。好的插图不拘泥于文字内容，而能对文字内容起画龙点睛的作用，许先生画的就有这个长处，因而比较耐看。他的线条活泼准确，好像每一笔下去早就心中有数似的，足见他素描的基本功是很深的。丰先生和黄先生的插图，功力也很到家。对儿童文学来说，插图极其重要，是值得研究的一个方面。

除了童话，我写过两本童话歌剧，一本叫《蜜蜂》，一本叫《风浪》，都请人配了谱，在二十年代出版过。可是内容是什么，我完全记不起了，想找来看看，托了好几个人，至今还没有找到。此外还写过一些儿童诗歌，大多刊登在早期的《儿童世界》，有的也配了谱。

在儿童文学方面，我还做过一件比较大的工作。在一九三二年，我花了整整一年时间，编写了一部《开明小学国语课本》，初小八册，高小四册，一共十二册，四百来篇课文。这四百来篇课文，形式和内容都很庞杂，大约有一半可以说是创作，另外一半是有所依据的再创作，总之没有一篇是现成的，是抄来的。给孩子们编写语文课本，当然要着眼于培养他们的阅读能力和写作能力，因而教材必须符合语文训练的规律和程序。但是这还不够。小学生既是儿童，他们的语文课本必得是儿童文学，才能引起他们的兴趣，使他们乐于阅读，从而发展他们多方面的智慧。当时我编写这一部国语课本，就是这样想的。在这里提出来，希望能引起有关同志的注意。

解放以后，我只给儿童写过几首短诗，几篇散文，刊登在哪儿，也记不清了。总是忙。林彪、"四人帮"横行的那些年倒是闲了，可是哪有心情写什么东西呢？现在精力不济了，而且又忙了起来，许多事情还必须赶紧去做。儿童文学的园地不久也会万紫千红的，我正在拭目以待，做个鼓掌喝彩的人。

1980年1月17日作

谈谈《小布头奇遇记》

一九六〇年以来，儿童文学方面的争鸣很是热烈，可是作品"歉收"，童话尤其如此。争鸣的集中点之一是童话与现实生活的关系问题，包括童话要不要反映现实生活，能不能反映现实生活，该怎么样反映现实生活，等等。去年年底出版了《小布头奇遇记》，是一部九万字左右的容纳现实生活题材的童话，作者孙幼军同志又是个新人：这是很值得欢迎的。听好些老师说，《小布头奇遇记》受到小学二、三、四年级的孩子的欢迎。中央人民广播电台在"小喇叭"节目里广播这部童话，据说事后调查，幼儿园的小听众也喜欢听。童话既然是为孩子写的，写得成功不成功自当以孩子爱不爱看，爱不爱听，是不是受到教育为标准。听老师们和广播电台的同志那样说，我祝贺作者的成功。

这部童话叙述布娃娃小布头的遭遇，借此说明两点意思，一点是怎么样才是真正的勇敢，一点是为什么要爱惜粮食。这两点意思结合在一块儿，并不是某一部分光说这个，某一部分光说那个。小布头起初以为勇敢就是胆子大，就是什么都不怕。他为了练胆子闯了祸，糟蹋了粮食。他的好朋友苹苹批评他不爱惜粮食，他不接受，还生了苹苹的气，"勇敢"地逃走了。这就开始了他的"奇遇"。他跟支援农业的电动机一块儿到农村。在农村里，他见到很多又新鲜又奇怪的事情，结识了很多新朋友，听他们说种种故事。他这才懂得粮食对于人们多么重要，为了生产粮食，人们怎么样辛勤地劳动，为了保护粮食，人们怎么样连性命也不顾。同时他又懂得唯有勤勤恳恳为大伙儿劳动，才是真正的勇敢，唯有敢于跟损害大伙儿的利益的坏人坏事作斗争，才是真正的勇敢。后来苹苹的父母下放到农村支援农业，苹苹也来了，小布头才跟苹苹重逢。

在这部童话里，作者把布娃娃小布头写成个活生生的孩子。他有自尊心，他希望做一个勇敢的人，只怕人家说他胆子小。他的脾气相当任性，但是一意识到他的任性损害了别人的时候，就赶紧掩饰，从这上头可见他自己也知道任性不是什么好脾气。他富于好奇心，爱听故事，见到什么新鲜事儿总要寻根究底。他富于同情心，见到悲惨的事情，听到悲惨的故事，就伤心痛哭。他爱朋友，他念念不忘最初的好朋友苹苹，为了救那小母鸡小芦花，连自己的性命也甘愿牺牲。他不接受那种光说道理的批评，可是善于从事实中或者故事中吸收经验，接受教训。在先他不知道老鼠是坏蛋，一知道老鼠是坏蛋，他就勇敢地跟老鼠作斗争。他在经历中懂得了粮食对于人们多么重要，就切盼能生产粮食，于是做梦，梦见自己学会了种小麦。像这样一个小布头，孩子们会感觉非常亲切，仿佛就是天天见面的小朋友里的一个。这因为一般孩子的习性脾气，不在这一点上就在那一点上，跟小布头有共同之处。

除了小布头，还有懂事的苹苹，生活经验挺丰富的大铁勺，快活的小母鸡小芦花，天真的农村孩子小喇叭，都写得相当好。此外如逗能的布猴子，憨直的布老虎，虽然出现的场合不多，也给孩子们留下鲜明的印象。

有好些段落写得特别切合孩子们的心理，就是说孩子们碰到类似这童话里的事物境界的时候，他们行动，他们思索，他们感受，正像童话里所写的那样。最能吸住孩子们的心的就是这些段落。现在举出几个来说说。

小布头闯祸，两次从酱油瓶子顶上翻下来，第一次是害怕，第二次却是有意地再来试一试。孩子们做各种体育活动，譬如踩浪木，走天桥，下水游泳，从不敢到敢的过程不正是这样吗？

小布头跟苹苹赌气，因为苹苹责备他不爱惜粮食，故意浪费粮食，而他还根本不知道粮食有什么可贵，只觉得苹苹小器，为了一丁点儿小事儿，就对他发脾气。类似的情形，在家庭里，在幼儿园或者小学校里，不是时常发生的吗？责备挺有道理，可是受责备的孩子还不明白那个道理，于是想到歪里去，赌气了。

小布头看鼠老五出来偷吃东西，其时他还不知道老鼠是坏蛋，就一心一意为鼠老五着想，望他偷吃成功。他想告诉鼠老五靠门的角落里有一堆大白薯。他猜想摆在木板儿上的准是好吃的东西，替鼠老五高兴。他看见鼠老五绕着木板儿转圈儿，不就去吃那块东西，就笑鼠老五是小傻瓜。后来鼠老五去抓那块东西了，他才满意地说："这就对啦！"最后鼠老五被压住在木板儿上，老爷爷提着木板儿走出去了，他越想越替鼠老五伤心，哭了个痛快。孩子的心情确然是这样，虽然处于旁观的地位，人家的事儿犹如自身的事儿，往往伴随着人家的喜怒哀乐而喜怒哀乐。

小布头被四只老鼠压在大石头底下的时候，他早已知道老鼠全是专偷粮食的坏蛋了，一听见他们商商量量要吃小芦花，就决心救小芦花。可是他没法儿跑出去告诉小芦花，他着急，他看明白了老鼠们叼些东西来引诱小芦花的鬼把戏，他更着急。后来小芦花来了，小布头叫她赶紧走开，说老鼠们要吃掉她。她不信，只道他开玩笑。直到小布头着急得哭了，小芦花才相信他说的是真话。随后是如下的对话。小芦花说："可是……小布头，你……你怎么……怎么办呢？"小布头说："别管我啦！你还不快跑！他们就回来啦！"小芦花说："小布头，我走啦！你别难过，我一定要想办法救你！"我想孩子们读到这一个段落，一定会深深体会友谊之重，从而影响到生活实践，在小朋友间相互对待的态度上提高一步。

大铁勺给小布头讲故事，在这部童话里占了三节，可以说是个相当长的段落。故事自然是作者编的，作者让大铁勺说"这是个真的故事"。我说应该承认这是个真的故事，就像优秀的小说戏剧一样，人物和情节全是虚构的，却写出了历史的真实和社会的真实，在这个意义上所以说它"真"。大铁勺讲的故事，内容是解放前后农民的生活情况，这在今天的孩子是不知道的，可是应该让他们知道，而且他们会感觉津津有味，只要讲得得法，适应他们的接受能力。我的小孙子现在读完小学三年级了，去年他读这个故事，就说挺有意思，不比他待在收音机旁边听到的那些革命故事差。

小布头跟麦苗小金球、黄珠儿初见面,不知道他们是什么,他们不肯径直告诉他,要他猜。小金球、黄珠儿看小布头有点儿像人可是又不大像,问他是什么,他也没直说,只把他的经历说了一大堆。这一段极有情趣,双方逗引,躲闪,不怀恶意地讪笑,不太过分地夸耀,叫人想到孩子们聚在一块儿,说说笑笑到十分酣畅的时候,就会是这么一个场面。

这部童话里也有些写得不怎么好的段落,举出几个来说说。

有些段落比较拖沓,情节的进展不多,作些不关紧要的铺叙,可能使孩子们感到不耐烦。如小布头逃走以前共有六节,小布头遇险,留在老鼠洞里共有五节,要是适当地压缩一些会见得比较好。

有些故事似乎没有编好。譬如黄珠儿讲的老郭爷爷跟偷粮食的坏蛋作斗争的故事,故事的梗概有了,可是没有铺开来,就叫人觉得草草了事,不够细致。又如小金球讲的种小麦的故事,实际是讲的生产知识,没有故事。生产知识能不能入童话,我想这是不成问题的问题。不过作者既然想把生产知识纳入童话,就得想方设法,使知识融化在故事里头,这才能使孩子们读到有味的故事同时得到正确的知识,文艺的享受与知识的吸收双丰收。在儿童文学的领域里,这还是处女地,我热望精勤的作者着手开垦。又如小布头给小金球、黄珠儿讲的他怎样跟老鼠作斗争怎样救小芦花的故事,是把前面的事儿重复说一遍,孩子们读了,可能想这早已知道了,因而不很感兴趣。不过我想,让小布头说一说他的经历是有必要的,从这中间可以显示他已经懂得了怎么样才是真正的勇敢,而且真正的勇敢是人人能够做到的。要是作者多下些功夫,让小布头说他的经历而尽量避免跟前面重复,那就好了。当然,那不太容易,可是也未必绝对办不到。

小布头从风筝上掉下来之后,直到全书末了,共有六节。这六节里,小布头成了个旁观者,不再担任主角。如果求全责备,这一点也是可以商量的。这部童话写到小布头向小金球、黄珠儿自叙经历,要说明的两点意思(怎么样才是真正的勇敢,为什么要爱惜粮食)都说明了,依我看,以下就该在两个办法里取一个。一个办法是按照这两点意思,故事还有所发展,叫小读者发生"柳暗花明又一村"之感。另一个办法是简要地作个结束,不要拖到六节之多。像现在这样,虽然让小布头参加了欢迎新社员的大会,也就是让小读者感到了欢迎新社员的大会的热烈气氛，很有现实意义，可是小读者觉得小布头不像先前那样生动活泼了，也许会不满意，因而冲淡了先前对他的好感。

现在说说这部童话的写法。这部童话是这样写的，小布头、布猴子、布老虎、小芦花、小金球、黄珠儿之类所谓"物"能听见"人"的说话，能观察"人"的行动，能彼此相互交谈，可是这些"物"不跟"人"说话，因而"人"不能知道这些"物"想些什么。有人说，这样写就似乎表现了两个世界，在许多"物"活跃的场合，是童话世界，在出现了"人"的场合，是现实世界。于是发生疑问，说，像这样童话世界与现实世界划然分开，交替写述，这作品算不算童话呢？依我想，算童话是不成问题的，用同样写法写的童话有的是，好像从来没有人怀疑过那些童话算不算童话。再说，写法哪有一定，全靠作者运用深至的思维和熟练的技巧，各自创造。甲用这样的写法，乙用那样的写法，两种写法截然不同，只要能打动读者的心，那就同样地好。有些人不这么想，看作品先看合不合意想中认定的那种写法，准备动手写作品，先问这类作品的写法是怎样的。总之一句话，框框为先。鉴赏的眼光和创作的活力给写法的框框拘住了，我看没有什么好处。我的话说得岔开来了，就此打住。

　　我不说这部童话的写法特别好，我只想说说像这样的写法有它的好处。孩子们处在现实世界里，从没看见布娃娃、铁勺儿起来活动，从没听见小母鸡、麦苗儿说话谈心。童话写所有的"人"都以"物"待"物"，这符合于生活的真实，孩子们不会觉得奇怪。但是咱们"人"能想象，孩子们对着周围的"物"，植物，动物，无生物，不免以己度"物"地想，这些东西也会想心思，动感情吧，也会抱什么意愿，干什么事儿吧。童话写所有的"物"各有活动，或干好事，或干坏事，各有思想感情，智勇奸险，喜怒哀乐，兼容并陈，给孩子们展示一个想象的世界，也就是所谓童话世界，这不仅使他们感到满足，更重要的还在于启发他们的想象。一方面符合于生活的真实，另一方面驰骋于想象的天地，在并不研究什么写法的孩子们看来，同样觉得非常自然，这就是这样的写法的好处。至于作者写"物"的言动情思，当然只能以己度"物"，高下之判在于怎么样"度"。大概能从"物"的本身出发，按它的本性和经历等等去"度"就是比较好的。不顾"物"的本性和经历等等，而拿"人"的言动情思强加于"物"，这样地"度"就是比较差的。这部童话的作者以己度"物"，我以为是能从"物"的本身出发的。"

这部童话运用语言有极大的优点，必须说一说。小学三、四年级的孩子能够畅顺地念下去，一、二年级和幼儿园的孩子能够听懂。作品究竟是依靠口耳的东西，这部童话受到孩子们的欢迎，语言运用得好该是个重要的原因。怎么好呢？简洁，活泼，有情趣，念下去宛然孩子的口气，可是没有孩子常有的种种语病。我猜想作者是下过功夫向孩子学习语言的，而且学习的方法很正确，取其长而去其短，重在神似而不拘于貌似。有些作者也向孩子学习语言，想得偏了点儿，以为须得照单全收才是纯粹的儿童语言，才能写入作品里给孩子们读，于是孩子常有的种种语病也出现在儿童读物里了。我想恳请这些作者考虑两点。在创作活动的各方面都讲究提炼，为什么唯有学习孩子的语言不需要提炼呢？凡是说话总有人听见，凡是写东西总有人看见，所以说和写的时候不能不顾到给人的影响。而咱们对于语言的要求是纯洁和健康。为什么唯有儿童读物可以不顾到给人的影响，而把孩子的某些不纯洁不健康的语言广为传播呢？我的话又岔开来了，这是久已想说的话，现在谈这部童话的语言，就附带说了。

沈培同志为这部童话画的插图，值得称赞。粗线条，粗中有细，能传出"人"和"物"的心情神态，能跟文中的叙写配合，启发孩子们的想象。譬如小老师把玩具分给小朋友们，文中只说"大家都很高兴，只有一个小朋友不高兴，他叫豆豆"。插图就画出十个小朋友，九个的高兴神态各各不同，得到小飞机的男孩举起小飞机想送它上天，得到长颈鹿的男孩捧着长颈鹿仰首而观，得到小花猫的女孩定睛细玩，得到大洋娃娃的女孩脸贴着大洋娃娃的头和肩膀……独有另外一个攒眉挂眼，右手里托着个小布娃娃，一望而知他准是豆豆。这就把文中所说的"很高兴""不高兴"形象化了。又如画小布头跟大铁勺在锅盖上谈话，小布头支膝而坐，大铁勺站了起来，勺柄着在锅盖上，这在现实世界里是不可能的，两样东西只能躺在锅盖上，但是照现实世界的实际画，就无所谓想象了，唯有在大铁勺的底面添上些简单的线条，仿佛像个面貌，让两样东西一大一小，一站一坐，面面相对，才成个想象的境界。又如小布头在田阿姨家里头一回看见小煤油灯，觉得挺新鲜，插图就画了小布头站在小煤油灯下仰望的情景。这是文中所没有的情节，文中只说"小布头坐在二娃身边，看着桌上的小煤油灯，觉得挺新鲜"，所以全出于插图的作者的想象。插图的作者想象小布头会有这样的想象，如果站在小煤油灯下，该有怎么样的感觉。他把这种感觉画出来了，小布头那么小而小煤油灯那么大，火苗儿的光向四面八方放射，小布头在普遍的光明之下惊呆了。例子不再多举，请止于此。咱们出版界一向提出要求，插图不要作为书籍的装饰品而存在，要成为书籍的有机部分，跟本文密切配合，使读者得到更多的理解，更深的感受，而儿童读物尤其应当如此。各个出版社向这方面努力，年来很有些成绩，最近北京举办的"儿童读物美术展览"，大家看了，都说可观之作很不少。这部童话的插图也是在展览会里得到好评的，我乐意在这里告诉读者。

1962年7月25日作

叶圣陶佳作展示

稻草人

田野里白天的风景和情形,有诗人把它写成美妙的诗,有画家把它画成生动的画。到了夜间,诗人喝了酒,有些醉了;画家呢,正在抱着精致的乐器低低地唱,都没有工夫到田野里来。那么,还有谁把田野里夜间的风景和情形告诉人们呢? 有,还有,就是稻草人。

基督教里的人说,人是上帝亲手造的。且不问这句话对不对,咱们可以套一句说,稻草人是农人亲手造的。他的骨架子是竹园里的细竹枝,他的肌肉、皮肤是隔年的黄稻草。破竹篮子、残荷叶都可以做他的帽子;帽子下面的脸平板板的,分不清哪里是鼻子,哪里是眼睛。他的手没有手指,却拿着一把破扇子——其实也不能算拿,不过用线拴住扇柄,挂在手上罢了。他的骨架子长得很,脚底下还有一段,农人把这一段插在田地中间的泥土里,他就整天整夜站在那里了。

稻草人非常尽责任。要是拿牛跟他比,牛比他懒怠多了,有时躺在地上,抬起头看天。要是拿狗跟他比，狗比他顽皮多了，有时到处乱跑，累得主人四外去找寻。他从来不嫌烦，像牛那样躺着看天；也从来不贪玩，像狗那样到处乱跑。他安安静静地看着田地，手里的扇子轻轻摇动，赶走那些飞来的小雀，他们是来吃新结的稻穗的。他不吃饭，也不睡觉，就是坐下歇一歇也不肯，总是直挺挺地站在那里。

这是当然的，田野里夜间的风景和情形，只有稻草人知道得最清楚，也知道得最多。他知道露水怎么样凝在草叶上，露水的味道怎么样香甜；他知道星星怎么样眨眼，月亮怎么样笑；他知道夜间的田野怎么样沉静，花草树木怎么样酣睡；他知道小虫们怎么样你找我、我找你，蝴蝶们怎么样恋爱。总之，夜间的一切他都知道得清清楚楚。

以下就讲讲稻草人在夜间遇见的几件事情。

一个满天星斗的夜里，他看守着田地，手里的扇子轻轻摇动。新出的稻穗一个挨一个，星光射在上面，有些发亮，像顶着一层水珠；有一点儿风，就沙拉沙拉地响。稻草人看着，心里很高兴。他想，今年的收成一定可以使他的主人——一位可怜的老太太——笑一笑了。她以前哪里笑过呢？八九年前，她的丈夫死了。她想起来就哭，眼睛到现在还红着；而且成了毛病，动不动就流泪。她只有一个儿子，娘儿两个费苦力种这块田，足足有三年，才勉强把她丈夫的丧葬费还清。没想到儿子紧接着得了白喉，也死了。她当时昏过去了，后来就落了个心痛的毛病，常常犯。这回只剩她一个人了，老了，没有气力，还得用力耕种，又挨了三年，总算把儿子的丧葬费也还清了。可是接着两年闹水，稻子都淹了，不是烂了就是发了芽。她的眼泪流得更多了，眼睛受了伤，看东西模糊，稍微远一点儿就看不见。她的脸上满是皱纹，倒像个风干的桔子，哪里会露出笑容来呢！可是今年的稻子长得好，很壮实，雨水又不多，像是能丰收似的。所以稻草人替她高兴。想来到收割的那一天，她看见收的稻穗又大又饱满，这都是她自己的，总算没有白受累，脸上的皱纹一定会散开，露出安慰的满意的笑容吧。如果真有这一笑，在稻草人看来，那就比星星月亮的笑更可爱，更可珍贵，因为他爱他的主人。

  稻草人正在想的时候，一个小蛾飞来，是灰褐色的小蛾。他立刻认出那小蛾是稻子的仇敌，也就是主人的仇敌。从他的职务想，从他对主人的感情想，都必须把那小蛾赶跑了才是。于是他手里的扇子摇动起来。可是扇子的风很有限，不能够教小蛾害怕。那小蛾飞了一会儿，落在一片稻叶上，简直像不觉得稻草人在那里驱逐似的。稻草人见小蛾落下了，心里非常着急。可是他的身子跟树木一样，定在泥土里，想往前移动半步也做不到；扇子尽管摇动，那小蛾却依旧稳稳地歇着。他想到将来田里的情形，想到主人的眼泪和干瘪的脸，又想到主人的命运，心里就像刀割一样。但是那小蛾是歇定了，不管怎么赶，他就是不动。

星星结队归去，一切夜景都隐没的时候，那小蛾才飞走了。稻草人仔细看那片稻叶，果然，叶尖卷起来了，上面留着好些蛾下的子。这使稻草人感到无限惊恐，心想祸事真个来了，越怕越躲不过。可怜的主人，她有的不过是两只模糊的眼睛；要告诉她，使她及早看见小蛾下的子，才有挽救呢。他这么想着，扇子摇得更勤了。扇子常常碰在身体上，发出啪啪的声音。他不会叫喊，这是唯一的警告主人的法子了。

老妇人到田里来了。她弯着腰，看看田里的水正合适，不必再从河里车水进来。又看看她手种的稻子，全很壮实；摸摸稻穗，沉甸甸的。再看看那稻草人，帽子依旧戴得很正；扇子依旧拿在手里，摇动着，发出啪啪的声音；并且依旧站得很好，直挺挺的，位置没有动，样子也跟以前一模一样。她看一切事情都很好，就走上田岸,预备回家去搓草绳。

稻草人看见主人就要走了,急得不得了,连忙摇动扇子,想靠着这急迫的声音把主人留住。这声音里仿佛说:"我的主人,你不要去呀!你不要以为田里的一切事情都很好,天大的祸事已经在田里留下根苗了。一旦发作起来,就要不可收拾,那时候,你就要流干了眼泪,揉碎了心;趁着现在赶早扑灭,还来得及。这,就在这一棵上,你看这棵稻子的叶尖呀!"他靠着扇子的声音反复地警告;可是老妇人哪里懂得,她一步一步地走远了。他急得要命,还在使劲摇动扇子,直到主人的背影都望不见了,他才知道警告是无效了。

除了稻草人以外,没有一个人为稻子发愁。他恨不得一下子跳过去,把那灾害的根苗扑灭了;又恨不得托风带个信,叫主人快快来铲除灾害。他的身体本来是瘦弱的,现在怀着愁闷,更显得憔悴了,连站直的劲儿也不再有,只是斜着肩,弯着腰,好像害了病似的。

不到几天,在稻田里,蛾下的子变成的肉虫,到处都是了。夜深人静的时候,稻草人听见他们咬嚼稻叶的声音,也看见他们越吃越馋的嘴脸。渐渐地,一大片浓绿的稻全不见了,只剩下光秆儿。他痛心,不忍再看,想到主人今年的辛苦又只能换来眼泪和叹气,禁不住低头哭了。

这时候天气很凉了,又是在夜间的田野里,冷风吹得稻草人直打哆嗦;只因为他正在哭,没觉得。忽然传来一个女人的声音:"我当是谁呢,原来是你。"他吃了一惊,才觉得身上非常冷。但是有什么法子呢?他为了尽责任,而且行动不由自主,虽然冷,也只好站在那里。他看那个女人,原来是一个渔妇。田地的前面是一条河,那渔妇的船就停在河边,舱里露出一丝微弱的火光。她那时正在把撑起的鱼罾①放到河底;鱼罾沉下去,她坐在岸上,等过一会儿把它拉起来。

舱里时常传出小孩子咳嗽的声音,又时常传出困乏的、细微的叫"妈"的声音。这使她很焦心,她用力拉罾,总像很不顺手,并且几乎回回是空的。舱里的孩子还在咳嗽还在喊:"你好好儿睡吧!等我得着鱼,明天给你煮粥吃。你是叫我,叫得我心都乱了,怎么能得着鱼呢!"

孩子忍不住,还是喊:"妈呀,把我渴坏了!给我点儿茶喝!"接着又是一阵咳嗽。

"这里哪来的茶!你老实一会儿吧,我的祖宗!"

① 鱼罾(zēng):鱼网。

"我渴死了！"孩子竟大声哭起来。在空旷的夜间的田野里，这哭声显得格外凄惨。

渔妇无可奈何，放下拉罾的绳子，上了船，进了舱，拿起一个碗，从河里舀了一碗水，转身给孩子喝。孩子一口气把水喝下去，他实在渴极了。可是碗刚放下，就又咳嗽起来；并且像是更厉害了，后来就只剩下喘气。

渔妇不能多管孩子，又上岸去拉她的罾。好久好久，舱里没有声音了，她的罾也不知又空了几回，才得着一条鲫鱼，有七八寸长。这是头一次收获，她很小心地把鱼从罾里取出来，放在一个木桶里，接着又把罾放下去。这个盛鱼的木桶就在稻草人的脚旁边。

这时候稻草人更加伤心了。他可怜那个病孩子，渴到那样，想一口茶喝都不成；病到那样，还不能跟母亲一起睡觉。他又可怜那个渔妇，在这寒冷的深夜里打算明天的粥，所以不得不硬着心肠把病孩子扔下不管。他恨不得自己去作柴，给孩子煮茶喝；恨不得自己去作被褥，给孩子一些温暖；又恨不得夺下小肉虫的赃物，给渔妇煮粥吃。如果他能走，他一定立刻照着他的心愿做；但是不幸，他的身体跟树木一个样，定在泥土里，连半步也不能动。他没有法子，越想越伤心，哭得更痛心了。忽然啪的一声,他吓了一跳,停住哭,看出了什么事情,原来是鲫鱼被扔在木桶里。

木桶里的水很少,鲫鱼躺在桶底上,只有靠下的一面能够沾一些潮润。鲫鱼很难受,想逃开,就用力向上跳。跳了好几回,都被高高的桶框挡住,依旧掉在桶底上,身体摔得很疼。鲫鱼的向上的一只眼睛看见稻草人,就哀求说:"我的朋友,你暂且放下手里的扇子,救救我吧!我离开我的水里的家,就只有死了。好心的朋友,救救我吧!我离开我的水里的家,就只有死了。好心的朋友,救救我吧!"

听见鲫鱼这样恳切的哀求,稻草人非常心酸;但是他只能用力摇动自己的头。他的意思是说:"请你原谅我,我是个柔弱无能的人哪!我的心不但愿意救你,并且愿意救那个捕你的妇人和她的孩子,除了你、渔妇和孩子,还有一切受苦受难的。可是我跟树木一样,定在泥土里,连半步也不能自由移动,我怎么能照我的心愿做呢!请你原谅我,我是个柔弱无能的人哪!"

鲫鱼不懂稻草人的意思,只看见他连连摇头,愤怒就像火一般地烧起来了。"这又是什么难事!你竟没有一点儿人心,只是摇头!原来我错了,自己的困难,为什么求别人呢!我应该自己干,想法子,不成,也不过一死罢了，这又算什么！"鲫鱼大声喊着，又用力向上跳，这回用了十二分力，连尾巴和胸鳍的尖端都挺起来。

稻草人见鲫鱼误解了他的意思，又没有方法向鲫鱼说明，心里很悲痛，就一面叹气一面哭。过了一会儿，抬头看看，渔妇睡着了，一只手还拿着拉罾的绳；这是因为她太累了，虽然想着明天的粥，也终于支持不住了。桶里的鲫鱼呢？跳跃的声音听不见了，尾巴好像还在断断续续地拨动。稻草人想，这一夜是许多痛心的事都凑在一块儿了，真是个悲哀的夜！可是看那些吃稻叶的小强盗，他们高兴得很，吃饱了，正在光秆儿上跳舞呢。稻子的收成算完了，主人的衰老的力量又白费了，世界上还有比这更可怜的吗！

夜更暗了，连星星都显得无光。稻草人忽然觉得由侧面田岸上走来一个黑影，近了，仔细一看，原来是个女人，穿着肥大的短袄，头发很乱。她站住，望望停在河边的渔船；一转身，向着河岸走去；不多几步，又直挺挺地站在那里。稻草人觉得很奇怪，就留心看着她。

一种非常悲伤的声音从她的嘴里发出来，微弱，断断续续，只有听惯了夜间一切细小声音的稻草人才听得出。那声音是说："我不是一条牛，也不是一口猪，怎么能让你随便卖给人家！我要跑，不能等着明天真个被你卖给人家。你有一点儿钱，不是赌两场输了就是喝几天黄汤花了，管什么用！你为什么一定要逼我？……只有死，除了死没别的路！死了，到地下找我的孩子去吧！"这些话又哪里成话呢，哭得抽抽嗒嗒的，声音都被搅乱了。

稻草人非常心惊，又是一件惨痛的事情让他遇见了。她要寻死呢！他着急，想救她，自己也不知道为什么。他又摇起扇子来，想叫醒那个睡得很沉的渔妇。但是办不到，那渔妇睡得跟死了似的，一动也不动。他恨自己，不该像树木一样定在泥土里，连半步也不能动。见死不救不是罪恶吗？自己就正在犯着这种罪恶。这真是比死还难受的痛苦哇！"天哪，快亮吧！农人们快起来吧！鸟儿快飞去报信吧！风快吹散她寻死的念头吧！"他这样默默地祈祷；可是四围还是黑洞洞的，也没有一丝儿声音。他心碎了，怕看又不能不看，就胆怯地死盯着站在河边的黑影。

那女人沉默着站了一会儿，身子往前探了几探。稻草人知道可怕的时候到了，手里的扇子拍得更响。可是她并没跳，又直挺挺地站在那里。

又过了好大一会儿，她忽然举起胳膊，身体像倒下一样，向河里面窜去。稻草人看见这样，没等到听见她掉在水里的声音，就昏过去了。

第二天早晨，农人从河岸经过，发现河里有死尸，消息立刻传出去。左近的男男女女都跑来看。嘈杂的人声惊醒了酣睡的渔妇，她看那木桶里的鲫鱼，已经僵僵地死了。她提了木桶走回船舱；生病的孩子醒了，脸显得更瘦了，咳嗽也更加厉害。那老农妇也随着大家到河边来看；走过自己的稻田，顺便看了一眼。没想到才几天工夫，完了，稻叶稻穗都没有了，只留下直僵僵的光秆儿。她急得跺脚，捶胸，放声大哭。大家跑过来问她劝她，看见稻草人倒在田地中间。

1922年6月7日写毕

小白船

　　一条小溪是各种可爱的东西的家。小红花站在那儿，只顾微笑，有时还跳起好看的舞来。绿色的草上缀着露珠，好像仙人的衣服，耀得人眼花。水面上铺着青色的萍叶，矗起一朵朵黄色的萍花，好像热带地方的睡莲——可以说是小人国里的睡莲。小鱼儿成群地来来往往，细得像绣花针，只有两颗大眼珠闪闪发光。青蛙老瞪着眼睛，不知守在那儿干什么，也许在等待他的好朋友。

　　水面上有极轻微的声音，是鱼儿在奏乐，他们会用他们特别的方法，奏出奇妙的音乐来："泼剌……泼剌……"好听极了。他们邀小红花跟他们一起跳舞；绿萍要炫耀自己的美丽的衣服，也跟了上来。小人国里的睡莲高兴得轻轻地抖动，青蛙看呆了，不知不觉随口唱起歌儿来。

　　小溪上的一切东西更加有趣更加可爱了。

　　小溪的右岸停着一条小小的船。这是一条很可爱的小船，船身是白的，它的舵和桨，它的帆，也都是白的；形状像一支梭子，又狭又长。胖子是不配乘这条船的。胖子一跨上船，船身一侧，就掉进水里去了。老人也不配乘这条船。老人脸色黝黑，额角上布满了皱纹，坐在小船上，被美丽的白色一衬托，老人会羞得没处躲藏了。这条小船只配给活泼美丽的小孩儿乘。

真的有两个孩子向溪边走来了。一个是男孩儿，穿着白色的衣服，脸色红得像个苹果。一个是女孩儿，穿着很淡的天蓝色的衣服，脸色也很红润，而且更加细嫩。他们俩手牵着手，用轻快的步子穿过了小树林，来到小溪边上，跨上了小白船。小白船稳稳地载着他们两个，略微摆了两下，好像有点儿骄傲。

男孩儿说："咱们在这儿坐一会儿吧。"

"好，咱们看看小鱼儿。"女孩儿靠着船舷回答。

小鱼儿依旧奏他们的音乐，青蛙依旧唱他的歌。男孩儿摘了一朵萍花，插在女孩儿的辫子上。他看着笑了起来，说："你真像个新娘子了。"

女孩儿好像没听见，她拉了拉男孩儿的衣袖，说："咱们来唱《鱼儿歌》，咱们一同唱。"

他们唱起歌儿来：

鱼儿来，鱼儿来，
我们没有网，我们没有钩儿。
我们唱好听的歌，
愿意跟你们一块玩儿。

鱼儿来，鱼儿来，
我们没有网，我们没有钩儿。
我们采好看的花，
愿意跟你们一块玩儿。

鱼儿来，鱼儿来，
我们没有网，我们没有钩儿。
我们有快乐的一切，
愿意跟你们一块玩儿。

歌还没唱完，刮起大风来了，小溪两岸的花和草，跳舞的拍子越来越快了，水面上也起了波纹。男孩儿张起帆来，要乘风航行。女孩儿掌着舵，手按在舵把上，像个老船工。只见两岸的景物飞快地往后退，小白船像一条飞鱼，在小溪上一直向前飞。

风真急呀，两岸的景色都看不清楚了，只见一抹一抹的黑影向后闪过。船底下的水声盖过了一切声音。帆盛满了风，好像弥勒佛的大肚子。小白船不知要飞到哪儿去！两个孩子着慌了，航行了这许多时候，不知到了什么地方。要让小白船停住，可是又办不到，小白船飞得正欢哩。

女孩儿哭了，她想起她的妈妈，想起她的小床，想起她的小黄猫，今天恐怕都见不着了。虽然有亲爱的小朋友跟她在一起，可是妈妈、小床、小黄猫，她都舍不得呀。

男孩儿给她理好被风吹散的头发，又用手盛她流下来的眼泪。他说："不要哭吧，好妹妹，一滴眼泪就像一滴甘露，你得爱惜呀。大风总有停止的时候，就像巨浪总有平静的时候一个样。"

女孩儿靠在他的肩膀上，哭个不停，好像一位悲伤的仙女。

男孩儿想办法让船停住。他叫女孩儿靠紧船舷，自己站了起来，左手拉住帆绳的活扣，右手拿着桨；他很快地抽开活扣，用桨顶住岸边。帆落下来了，小白船不再向前飞了。看看岸上，却是一片没有人的旷野。

两个孩子上了岸。风还像发了狂似的，大树摇得都有点儿累了。女孩儿才揩干眼泪,看看四面没有人,也没有房屋,眼泪又像泉水一样涌出来了。男孩儿安慰她说:"没有房屋,咱们有小白船呢。没有人,咱们两个在一起,不也很快活吗?咱们一同玩儿去吧!"

女孩儿跟着他一直向前走。风吹在身上有点儿冷,他们紧紧靠在一起,互相用手搂住腰。走了几百步远,他们看见一棵野柿子树,树上熟透的柿子好像无数的玛瑙球,有的落在地上。女孩儿拾起一个,掰开来一尝,甜极了,她就叫男孩儿也拾来吃。

他们俩坐在地上吃柿子,把一切都忘记了。忽然从矮树丛里跑出一只小白兔来,到了他们跟前就伏着不动了。女孩儿把他抱在怀里,抚摸他的柔软的毛。男孩儿笑着说:"咱们又有了一个同伴,更不寂寞了。"他掰开一个柿子喂给小白兔吃,红色的果浆涂了小白兔一脸。

远远地,有个人跑来了,身子特别高,脸长得很可怕。他看见小白兔在他们身边,就板起了脸,说他们偷了他的小白兔。

男孩儿急忙辩白说:"他是自己跑来的。我们喜欢他。一切可爱的东西,我们都爱。"

那个人点点头说:"既然这样,我也不怪你们。把小白兔还给我就是了。"

女孩儿舍不得,把小白兔抱得更紧了,脸贴着他的白毛,好像要哭出来了。那个人全不理会,伸手就把小白兔夺走了。

这时候,风渐渐缓和了。男孩儿想,既然遇到了人,为什么不问一问呢。他就问那个人,这儿离家有多远,该从哪条河走。

那个人说:"你们家离这儿二十多里呢,河水曲折,你们一定认不得回去的路了。我可以送你们回去。"

女孩儿快活极了,她想:这个人长得可怕,心肠原来很慈善,就央告说:"咱们快上船吧,妈妈和小黄猫都在等着我们呢!"

那个人说:"这可不成。我送你们回去,你们用什么酬谢我呢?"

男孩儿说:"我送给你一幅美丽的图画。"

女孩儿说:"我送给你一束波斯菊,红的白的都有,真好看呢!"

那个人摇头说:"我什么也不要。我有三个问题,你们能回答出来,我就送你们回去;要是答不出来,我抱着小白兔就管自走了。你们愿意吗?"

"愿意！"他们一同回答。

那个人说："第一个问题，鸟儿为什么要唱歌？"

"他们要唱给爱他们的人听。"女孩儿抢先回答。

那个人点点头说："算你答得不错。第二个问题：花儿为什么香？"

男孩儿回答说："香就是善，花是善的标志。"

那个人拍手说："有意思。第三个问题是，为什么你们乘的是小白船？"

女孩儿举起右手，好像在课堂上回答老师似的："因为我们纯洁，只有小白船才配让我们乘。"

那个人大笑起来，他说："好，我送你们回去。"

两个孩子高兴极了。他们互相抱着，亲了一亲，就跑回小白船。

仍旧是女孩儿掌舵，男孩儿和那个人各划一支桨。女孩儿看着两岸的红树、草屋、田地，都像神仙的世界，更使她满意的是那只小白兔没有离开她，这时候就在她的脚边。她伸手采了一枝蓼花让他咬，逗着他玩儿。

男孩儿说："没有这场大风，就没有此刻的快乐。"

女孩儿说："要是咱们不能回答他的问题，此刻还有快乐吗？"

那个人划着桨,看着他们微笑,只不开口。

等到小白船回到原来停泊的地方,小红花和绿叶早已停止了跳舞,萍叶盖着睡熟了的小鱼儿,只有青蛙还在不停地唱歌。

1921年11月15日写毕

古代英雄的石像

为了纪念一位古代的英雄，大家请雕刻家给这位英雄雕一个石像。

雕刻家答应下来，先去翻看有关这位英雄的历史，想象他的容貌，想象他的性情和气概。雕刻家的意思，随随便便雕一个石像不如不雕，要雕就得把这位英雄活活地雕出来，让看见石像的人认识这位英雄，明白这位英雄，因而崇拜这位英雄。

功到自然成。雕刻家一边研究，一边想象，石像的模型在他心里渐渐完成了。石像的整个姿态应该怎样，面目应该怎样，小到一个手指头应该怎样，细到一根头发应该怎样，他都想好了。他的意思，只有依照他想好的样子雕出来，才是这位英雄的活生生的本身，不是死的石像。

雕刻家到山里采了一块大石头，就动手工作。他心里有现成的模型，雕起来就有数，看着那块大石头，什么地方应该留，什么地方应该去，都清楚明白。钢凿一下一下地凿，刀子一下一下地刻，大小石块随着纷纷往地上掉。像黄昏时星星的显现一样，起初模糊，后来明晰，这位英雄的像终于站在雕刻家面前了。真是一丝也不多，一毫也不少，正同雕刻家心里想的一模一样。

这石像抬着头，眼睛直盯着远方，表示他的志向远大无边；嘴张着，好像在那里喊"啊"！左胳膊圈向里，坚强有力，仿佛拢着他下面的千百万群众；右手握着拳，向前方伸着，筋骨突出像老树干，意思是谁敢侵犯他一丝一毫，他就不客气给他一下子。

市中心有一片广场，大家就把这新雕成的石像立在广场的中心。立石像的台子是用石块砌成的，这些石块就是雕刻家雕像的时候凿下来的。这是一种新的美术建筑法，雕刻家说比用整块的方石垫在底下好得多。台子非常高，人到市里来，第一眼望见的就是这石像，就像到巴黎去第一眼望见的是那铁塔一个样。

雕刻家从此成了名，因为他能够给古代英雄雕一个石像，使大家都满意。

为了石像成功曾经开一个盛大的纪念会。市民都聚集到市中心的广场，在石像下行礼，欢呼，唱歌，跳舞；还喝干了几千坛酒，挤破了几百身衣裳，摔伤了很多人的膝盖。从这一天起，大家心里有这位英雄，眼里有这位英雄,做什么事情都像比以前特别有力气,特别有意思。无论谁从石像下经过,都要站住,恭恭敬敬地鞠个躬,然后再走过去。

骄傲的毛病谁都容易犯,除非圣人或傻子。那块被雕成英雄像的石头既不是圣人,又不是傻子,只是一块石头,看见人们这样尊敬他,当然就禁不住要骄傲了。

"看我多荣耀!我有特殊的地位,站得比一切都高。所有的市民都在下面给我鞠躬行礼。我知道他们都是诚心诚意的。这种荣耀最难得,没有一个神圣仙佛能够比得上!"

他这话不是向浮游的白云说,白云无精打采的,没有心思听他的话;也不是向摇摆的树林说,树林忙忙碌碌的,没有工夫听他的话。他这话是向垫在他下面的伙伴大大小小的石块说的。骄傲的架子要在伙伴面前摆,也是世间的老规矩。但是他仍然抬着头,眼睛直盯着远方,对自己的伙伴连一眼也不瞟,这就见得他的骄傲是太过分了。他看不起自己的伙伴,不屑于靠近他们,甚至还有溜到嘴边又咽回去的一句话。"你们,垫在我下面的,算得了什么呢!"

"喂,在上面的朋友,你让什么东西给迷住心了?你忘了从前!"台子角上的一块小石头慢吞吞地说,像是想叫醒喝醉的人，个个字都说得清楚、着实。

"从前怎么样？"上面那石头觉得出乎意料，但是不肯放弃傲慢的气派。

"从前你不是跟我们混在一起吗？也没有你，也没有我们，咱们是一整块。"

"不错，从前咱们是一整块。但是，经过雕刻家的手，咱们分开了。钢凿一下一下地凿，刀子一下一下地刻，你们都掉下去了。独有我，成了光荣尊贵的、受全体市民崇拜的雕像。我高高在上是应当的。难道你们想跟我平等吗？如果你们想跟我平等，就先得叫地跟天平等！"

"嘻！"另一块小石头忍不住，出声笑了。

"笑什么！没有礼貌的东西！"

"你不但忘了从前，也忘了现在！"

"现在又怎么样？"

"现在你其实也并没跟我们分开。咱们还是一整块，不过改了个样式。你看，从你的头顶到我们最下层，不是粘在一起吗？并且，正因为改成现在的样式，你的地位倒不安稳了。你在我们身上站着，只要我们一摇动，你就不能高高地……"

"除了你们，世间就没有石块了吗？"

"用不着费心再找别的石块了！那时候就没有你了，一跤摔下去，碎成千块万块，跟我们毫无分别。"

"没有礼貌的东西！胡说！敢吓唬我？"上面那石头生气了，又怕失去了自己的尊严，所以大声吆喝，像对囚犯或奴隶一样。

"他不信，"砌成台子的全体石块一齐说，"马上给他看看，把他扔下去！"

上面那石头吓了一跳，顾不得生气了，也暂时忘了自己的尊严，就用哀求的口气说："别这样！彼此是朋友，连在一起粘在一起的朋友，何必故意为难呢！你们说的一点儿也不错，我相信，千万不要把我扔下去！"

"哈！哈！你相信了？"

"相信了，完全相信。"

危险算是过去了。骄傲像隔年的草根，冬天刚过去，就钻出一丝丝的嫩芽。上面那石头故意让语声柔和一些，用商量的口气说："我想，我总比你们高贵一些吧，因为我代表一位英雄，这位英雄在历史上是很有名的。"

一块小石头带着讥笑的口气说："历史全靠得住吗？几千年前的人自个儿想的事情，写历史的人都会知道，都会写下来。你说历史能不能全信？"

另一块石头接着说:"尤其是英雄,也许是个很平常的人,甚至是个坏蛋,让写历史的人那么一吹嘘,就变成英雄了;反正谁也不能倒过年代来对证。还有更荒唐的,本来没有这个人,明明是空的,经人一写,也就成了英雄了。哪吒,孙行者,不都是英雄吗?这些虽说是小说里的人物,可是也在人的心里扎了根,这种小说跟历史也差不了多少。"

"我代表的那位英雄总不会是空虚的,"上面那石头有点儿不高兴,竭力想说服底下的那些石头,"看市民这样纪念他,崇拜他,一定是历史上的实实在在的英雄。"

"也未必!"六七块石头同时接着说。

一块伶俐的小石头又加上一句:"市民最大的本领就是纪念空虚,崇拜空虚。"

上面那石头更加不高兴了,自言自语地说:"空虚?我以为受人崇拜总是光荣的,难道我上了当……"

一块小石头也自言自语地说:"我们岂但上了当,简直受了罪——一辈子垫在空虚的底下……"

大家不再说话了,都在想事情。

半夜里,石像忽然倒下来,像游泳的人由高处跳到水里。离地高,摔得重,碎成千块万块。石像,连下面的台子，一点儿原来的样子也没有了，变成大大小小的石块，堆在地上。

第二天早晨，市民从石像前边过，预备恭恭敬敬地鞠躬，可是广场中心只有乱石块，石像不知哪里去了。大家你看看我，我看看你，说不出一句话，无精打采地走散了。

雕刻家在乱石块旁边大哭了一场，哀悼他生平最伟大的杰作。他宣告说，他从此不会雕刻了。果然，以后他连一件小东西也没雕过。

乱石块堆在广场的中心很讨厌，有人提议用它筑市外往北去的马路，大家都赞成。新路筑成以后，市民从那里走，都觉得很方便，又开了一个庆祝的盛会。

晴和的阳光照在新路上，块块石头都露出笑脸。他们都赞美自己说：

"咱们真平等！！"

"咱们一点儿也不空虚！"

"咱们集合在一块儿，铺成真实的路，让人们在上面高高兴兴地走！"

1929年9月5日写毕

玫瑰和金鱼

含苞的玫瑰开放了,仿佛从睡梦中醒过来。她张开眼睛看自己,鲜红的衣服,嫩黄的胸饰,多么美丽。再看看周围,金色的暖和的阳光照出了一切东西的喜悦。柳枝迎风摇摆,是女郎在舞蹈。白云在蓝天里飘浮,是仙人的轻舟。黄莺哥在唱,唱春天的快乐。桃花妹在笑,笑春天的欢愉。凡是映到她眼睛里的,无不可爱,无不美好。

玫瑰回想她醒过来以前的情形:栽培她的是一位青年,碧绿的瓷盆是她的家。青年筛取匀净的泥土,垫在她的脚下;汲取清凉的泉水,让她喝个够。狂风的早晨,急雨的深夜,总把她搬到房里,放下竹帘护着她。风停了,雨过了,重新把她搬到院子里,让她在温暖的阳光下舒畅地呼吸清新的空气。想到这些,她非常感激那位青年。她像唱歌似的说:"青年真爱我!青年真爱我!让我玩赏美丽的春景。我尝到的一切快乐,全是青年的赏赐。他不为别的,单只为爱我。"

老桑树在一旁听见了,叹口气说:"小孩子,全不懂世事,在那里说痴话!"他脸上皱纹很深,还长着不少疙瘩,真是丑极了。玫瑰可不服他的话,她偏过脑袋,抿着嘴不作声。

老桑树发出干枯的声音说:"你是个小孩子,没有经过什么事情,难怪你不信我的话。我经历了许多世事。从我的经历,老实告诉你,你说的全是痴话。让我把我的故事讲给你听吧。我和你一样,受人家栽培,受人家灌溉。我抽出挺长的枝条,发出又肥又绿的叶子,在园林里也算是极快乐极得意的一个。照你的意思,人家这样爱护我,单只为了爱我。谁知道完全不对,人家并不曾爱我,只因为我的叶子有用,可以喂他们的蚕,所以他们肯那么费力。现在我老了,我的叶子又薄又小,他们用不着了,他们就不来理我了。小孩子,我告诉你,世界上没有不望报酬的赏赐,也没有单只为了爱的爱护。"

玫瑰依旧不相信,她想青年这样爱护她,总是单只为了爱她。她笑着回答老桑树说:"老桑伯伯,你的遭遇的确可怜。幸而我遇到的青年不是这等负心的人,请你不必为我忧虑。"

老桑树见她终于不相信,也不再说什么。他身体微微地摇了几摇，表示他的愤慨。

水面的冰融解了。金鱼好像长久被关在屋子里，突然门窗大开，觉得异样的畅快。他游到水面上，穿过新绿的水草，越显得他色彩美丽。头顶上的树枝已经有些绿意了。吹来的风已经很柔和了。隔年的邻居，麻雀啦，燕子啦，已经叫得很热闹了。凡是映到他眼睛里的，无不可爱，无不美好。

金鱼回想他先前的生活：喂养他的是一位女郎；碧玉凿成的水缸是他的家。女郎剥着馒头的细屑喂他，还叫丫头捞了河里的小虫来喂他。夏天，阳光太强烈，就在缸面盖上竹帘，防他受热。秋天，寒冷的西风刮起来了，就在缸边护上稻草，防他受寒。女郎还时时在旁边守护着，不让猫儿吓他，不让老鹰欺侮他。想起这些，他非常感激那位女郎。他像唱歌似的说："女郎真爱我！女郎真爱我！使我生活非常舒适。我享受到的一切安乐，全是女郎的赏赐。她不为别的，单只为爱我。"

老母羊在一旁听见了，笑着说："小东西，全不懂世事，在那里说痴话！"她的瘦脸带着固有的笑容，全身的白毛脏得发黑了，还卷成了一团一团。金鱼可不甘心受她嘲笑。他眼睛突得更出了，瞪了老母羊两下。

老母羊发出带沙的声音，慈祥地说："你还是个小东西，事儿经得太少了，难怪你不服气。我经历了许多世事。从我的经历，老实告诉你，你说的全是痴话。让我把我的故事讲给你听吧。我和你一样，受人家饲养，受人家爱护。我有过绿草平铺的院子，也有过暖和的清洁的屋子，在牧场上也算是极舒服极满意的一个。照你的意思，人家这样爱护我，单只为了爱我。谁知道完全不对！人家并不曾爱我，只因为我的乳汁有用，可以喂他们的孩子，所以他们肯那么费心。现在我老了，我没有乳汁供给他们的孩子了，他们就不管我了。小东西，我告诉你，世界上没有不望报酬的赏赐，也没有单只为了爱的爱护。"

金鱼依旧不领悟，眼睛还是瞪着，怒气没有全消。他想女郎这样爱护他，总是单只为了爱他。他很不高兴地回答老母羊说："老羊太太，你的遭遇的确可怜。但是世间的事儿不是一个版子印出来的。幸而我遇到的女郎不是这等负心的人，请你不必为我忧虑。"

老母羊见他终于不领悟，就闭上了嘴。她鼻孔里吁吁地呼气，表示她的怜悯。

青年和女郎互相恋爱了，彼此占有了对方的心。他们俩每天午后在花园里见面，肩并肩坐在花坛旁边的一条凉椅上。甜蜜的话比鸟儿唱的还要好听，欢悦的笑容比夜晚的月亮还要好看。假若有一天不见面，大家好像失掉了灵魂，一切都不舒服。所以没有一天午后，花园里没有他们俩的踪影。

这一天早上，青年走到院子里，搔着脑袋只是凝想。他想，"女郎这样爱我，这是可以欣慰的。要是能设法使她更加爱我，不是更好么？知心的话差不多说完了，爱抚也不再有什么新鲜味儿，除了把我尽心栽培的东西送给她，再没有什么可靠的增进爱情的办法了。"他因此想到了玫瑰。他看玫瑰红得这样鲜艳，正配女郎的美丽的脸色；花瓣包着花蕊好像害羞似的，正配她的少女的情态。把玫瑰送给她，一定会使她十分喜欢，因而增进相爱的程度。他想定了，微笑着，对玫瑰点了点头。

玫瑰见青年这样，也笑着，对青年点了点头。她回过头来，看着老桑树，现出骄傲的神色，说："你没瞧见吗，他是这样地爱我，单只为了爱我！"

女郎这时候也起身了，她掠着蓬松的头发，倚着碧玉水缸只是沉思。她想，"青年这样爱我，这是可以欣慰的。要是能设法使他更加爱我，不是更好么？甜蜜的话差不多说完了，偎抱也不再有什么新鲜味儿，除了把我专心饲养的东西送给他，再没有什么可靠的增进爱情的办法了。"她因此想到了金鱼。她看金鱼活泼泼地，正像青年一样惹人喜欢。她想把金鱼送给他，一定会使他十分高兴；自己这样经心养护的金鱼，正可以表现自己的深情厚谊，因而增进相爱的程度。她想定了，将右手的小指含在嘴里，对着金鱼微微一笑。

金鱼见女郎这样，快乐得如梭子一般游来游去。他抬起了头，望着老母羊，现出得意的神色，说："你没瞧见吗，她是这样地爱我，单只为了爱我！"

青年拿起一把剪刀，把玫瑰剪了下来，带到花园里去会见他的女郎。

女郎把金鱼捞了起来，盛在一个小玻璃缸里，带到花园里去会见她的青年。

他们俩见面了。青年举起手里的玫瑰，直举到女郎面前，笑着说："亲爱的，我送给你一朵可爱的花。这朵花是我一年的心力的成绩。愿你永远跟花一样美丽，愿你永远记着我的情意。"女郎也举起手里的玻璃缸，直举到青年面前，温柔地说："亲爱的，我送给你一尾可爱的小东西。这小东西是我朝夕爱护着的。愿你永远跟他一样的活泼，愿你永远记着我的情意。"

他们俩彼此交换了手里的东西。女郎吻着青年送给她的玫瑰，青年隔着玻璃缸吻着女郎送给他的金鱼，都说:"这是心爱的人送给我的,吻着珍贵的礼物,就仿佛吻着心爱的人。"果然,他们俩的爱情又增进了一步。一样的一句平常说惯了的话,听着觉得格外新鲜,格外甜蜜;一样的一副平常见惯了的笑脸,对着觉得特别可爱,特别欢欣。他们不但互相占有了彼此的心,而且几乎融成一个心了。

玫瑰哪里料得到有这么一剪刀呢?突然一阵剧痛,使她周身麻木。等到她慢慢恢复知觉,已经在女郎的手里了。她回想刚才的遭遇,一缕悲哀钻心,几乎要哭出来。可是她觉得全身干燥,泪泉不知什么时候已经枯涸了。女郎回到屋里,把她插在一个玛瑙的花瓶里。她没有经过忧患,离开了家使她伤心,青年的爱落空了,叫她怎么忍受得了。她憔悴地低了头,不到晚上,她就死了。女郎说:"玫瑰干枯了,看着真叫人讨厌。明天下午,青年一定有更美丽的花送给我的。"她叫丫头把干枯的玫瑰扔在垃圾堆上。

金鱼也没有料得到有这么一番颠簸。从住惯了的碧玉缸中,随着水流进了一个狭窄不堪的玻璃缸里,他闷得发晕。等他神志渐渐清醒,看见青年的嘴唇正贴在玻璃缸外面。他想躲避,可是退向后,尾巴碰着了玻璃,转过身来,肚子又碰着了玻璃,竟动弹不得,只好抬起了头叹气。青年回到屋里,把玻璃缸摆在书桌上。金鱼是自在惯了,新居可这样狭窄,女郎的爱又落空了,叫他怎么忍受得了。他瞪着悲哀的眼睛直哈气,不到晚上,他就死了。青年说:"金鱼死了,把他扔了吧。明天下午,女郎一定有更可爱的东西送给我的。"青年就把死去的金鱼扔掉了,就扔在干枯的玫瑰旁边。

过了几天,玫瑰和金鱼都腐烂了,发出触鼻的臭气。不论什么花,不论什么鱼,都是这样下场,值不得人们注意。青年和女郎当然不会注意,他们俩自有别的新鲜的礼物互相赠送,为了增进他们的爱情。

只有老桑树临风发出沙沙的声音,老母羊望着天空咩咩地长鸣,为玫瑰和金鱼唱悲哀的悼歌。

1922年3月26日写毕

画　眉

　　一个黄金的鸟笼里，养着一只画眉。明亮的阳光照在笼栏上，放出耀眼的光辉，赛过国王的宫殿。盛水的罐儿是碧玉做的，把里边的清水照得像雨后的荷塘。鸟食罐儿是玛瑙做的，颜色跟粟子一模一样。还有架在笼里的三根横棍，预备画眉站在上面的，是象牙做的。盖在顶上的笼罩，预备晚上罩在笼子外边的，是最细的丝织成的缎子做的。

　　那画眉，全身的羽毛油光光的，一根不缺，也没一根不顺溜。这是因为它吃得讲究，每天还要洗两回澡。它舒服极了，每逢吃饱了，洗干净了，就在笼子里跳来跳去。跳累了，就站在象牙的横棍上歇一会儿，或者这一根，或者那一根。这时候，它用嘴刷刷这根羽毛，刷刷那根羽毛，接着，抖一抖身子，拍一拍翅膀，很灵敏地四外看一看，就又跳来跳去了。

　　它叫的声音温柔，宛转，花样多，能让听的人听得出了神，像喝酒喝到半醉的样子。养它的是个阔公子哥儿，爱它简直爱得要命。它喝的水，哥儿要亲自到山泉那儿去取，并且要过滤。吃的粟子，哥儿要亲手拣，粒粒要肥要圆，并且要用水洗过。哥儿为什么要这样费心呢？为什么要给画眉预备这样华丽的笼子呢？因为哥儿爱听画眉唱歌，只要画眉一唱，哥儿就快活得没法说。

说到画眉呢，它也知道哥儿待它好，最爱听它唱歌，它就接连不断地唱歌给哥儿听，哪怕唱累了，还是唱。它不明白张开嘴叫几声有什么好听，猜不透哥儿是什么心。可是它知道，哥儿确是最爱听它唱，那就为哥儿唱吧。哥儿又常跟同伴的姊妹兄弟们说："我的画眉好极了，唱得太好听，你们来听听。"姊妹兄弟们来了，围着看，围着听，都很高兴，都说了很多赞美的话。画眉想："我实在觉不出来自己的叫声有什么好听，为什么他们也一样地爱听呢？"但是这些人是哥儿约来的，应酬不好，哥儿就要伤心，那就为哥儿唱吧。

日子一天天过去，它的生活总是照常，样样都很好。它接连不断地唱，为哥儿，为哥儿的姊妹兄弟们，不过始终不明白自己唱的有什么意义，有什么趣味。

画眉很纳闷，总想找个机会弄明白。有一天，哥儿给它加食添水，忘记关笼门，就走开了。画眉走到笼门，往外望一望，一跳，就跳到外边，又一飞，就飞到屋顶上。它四外看看，新奇，美丽。深蓝的天空，飘着小白帆似的云。葱绿的柳梢摇摇摆摆，不知谁家的院里，杏花开得像一团火。往远处看，山腰围着淡淡的烟，好像一个刚醒的人，还在睡眼蒙眬。它越看越高兴，由这边跳到那边，又由那边跳到这边，然后站住，又看了老半天。

它的心飘起来了，忘了鸟笼，也忘了以前的生活，一兴奋，就飞起来，开始它也不知道是往哪里的远方飞。它飞过绿的草原，飞过满盖黄沙的旷野，飞过波浪拍天的长江，飞过浊流滚滚的黄河，才想休息一会儿。它收拢翅膀，往下落，正好落在一个大城市的城楼上。下边是街市，行人，车马，拥拥挤挤，看得十分清楚。

稀奇的景象由远处过来了。街道上，一个人半躺在一个左右有两个轮子的木槽子里，另一个人在前边拉着飞跑。还不只一个，这一个刚过去，后边又过来一长串。画眉想："那些半躺在木槽子里的人大概没有腿吧？要不，为什么一定要旁人拉着才能走呢？"它就仔细看半躺在上边的人，原来下半身蒙着很精致的花毛毯，就在毛毯下边，露出擦得放光的最时兴的黑皮鞋。"那么，可见也是有腿了。为什么要别人拉着走呢？这样，一百个人里不就有五十个是废物了吗？"它越想越不明白。

"或者那些拉着别人跑的人以为这件事很有意思吧？"可是细看看又不对。那些人脸涨得通红，汗直往下滴，背上热气腾腾的，像刚揭开盖的蒸笼。身子斜向前，迈着大步，像正在逃命的鸵鸟，这只脚还没完全着地，那只脚早扔了出去。"为什么这样急呢？这是到哪里去呢？"画眉想不明白。这时候，它看见半躺在上边的人用手往左一指，前边跑的人就立刻一顿，接着身子一扭，轮子，槽子，连上边半躺着的人，就一齐往左一转，又一直往前跑。它明白了，"原来飞跑的人是为别人跑。难怪他们没有笑容，也不唱赞美跑的歌，因为他们并不觉得跑是有意义有趣味的。"

它很烦闷，想起一个人当了别人的两条腿，心里不痛快，就很感慨地唱起来。它用歌声可怜那些不幸的人，可怜他们的劳力只为了一个别人，他们做的事没有一些儿意义，没有一些趣味。

它不忍再看那些不幸的人，想换个地方歇一会儿，一飞就飞到一座楼房的绿漆栏杆上。栏杆对面是一个大房间，隔着窗户往里看，许多阔气的人正围着桌子吃饭。桌上铺的布白得像雪。刀子，叉子，玻璃酒杯，大大小小的花瓷盘子，都放出晃眼的光。中间是一个大花瓶，里边插着各种颜色的鲜花。围着桌子的人呢，个个红光满面，眼眯着，正在品评酒的滋味。楼下传来声音。它赶紧往楼下看，情形完全变了；一条长木板上，刀旁边，一条没头没尾的鱼，一小堆切成丝的肉，几只去了壳的大虾，还有一些切得七零八碎的鸡鸭。木板旁边，水缸，脏水桶，盘、碗、碟、匙，各种瓶子，煤，劈柴，堆得乱七八糟，遍地都是。屋里有几个人，上身光着，满身油腻，正在弥漫的油烟和蒸气里忙忙碌碌。一个人脸冲着火，用锅炒什么。油一下锅，锅边上就冒起一团火，把他的脸和胳膊烤得通红。菜炒好了，倒在花瓷盘子里，一个穿白衣服的人接过去，上楼去了。不一会儿，就由楼上传出欢笑的声音，刀子和叉子的光又在桌面上闪晃起来。

　　画眉就想："楼下那些人大概是有病吧？要不，为什么一天到晚在火旁边烤着呢。他们站在那里忙忙碌碌，是因为觉得很有意义很有趣味吗？"可是细看看，都不大对。"要是受了寒，为什么不到家里蒙上被躺着？要是觉得有意义，有趣味，为什么脸上一点儿笑容也没有？菜做熟了为什么不自己吃？对了，他们是听了穿白衣服的人的吩咐，才皱着眉，慌手慌脚地洗这个炒那个的。他们忙碌，不是自己要这样，是因为别人要吃才这样。"

它很烦闷，想起一个人成了别人的做菜机器，心里不痛快，就很感慨地唱起来。它用歌声可怜那些不幸的人，可怜他们的劳力只为一些别人，他们做的事没有一些儿意义，没有一些儿趣味。

它不忍再看那些不幸的人，想换个地方歇一会儿，一展翅就飞起来。飞过一条弯弯曲曲的僻静的胡同，从那里悠悠荡荡地传出三弦和一个女孩子歌唱的声音。它收拢翅膀，落在一个屋顶上。屋顶上有个玻璃天窗，它从那里往下看，一把椅子，上边坐着个黑大汉，弹着三弦，一个十三四岁的女孩子站在旁边唱。它就想："这回可看到幸福的人了！他们正奏乐唱歌，当然知道音乐的趣味了。我倒要看看他们快乐到什么样子。"它就一面听，一面仔细看。

没想到完全不是那么回事，它又想错了。那个女孩子唱，越唱越紧，越唱越高，脸胀红了，拔那个顶高的声音的时候，眉皱了好几回，额上的青筋也胀粗了，胸一起一伏，几乎接不上气。调门好容易一点点地溜下来，可是唱词太繁杂，字像流水一样往外滚，连喘口气也为难，后来嗓子都有点儿哑了。三弦和歌唱的声音停住，那个黑大汉眉一皱，眼一瞪，大声说："唱成这样，凭什么跟人家要钱！再唱一遍！"女孩子低着头，眼里水汪汪的，又随着三弦的声音唱起来。这回像是更小心了，声音有些颤。

画眉这才明白了，"原来她唱也是为别人。要是她可以自己作主张，她早就到房里去休息了。可是办不到，为了别人爱听，为了挣别人的钱，她不能不硬着头皮练习。那个弹三弦的人呢，也一样是为别人才弹，才逼着女孩子随着唱。什么意义，什么趣味，他们真是连做梦也没想到。"

它很烦闷，想起一个人成了别人的乐器，心里很不痛快，就感慨地唱起来。它用歌声可怜那些不幸的人，可怜他们的劳力只为一些别人，他们做的事没有一些儿意义，没有一些儿趣味。

画眉决定不回去了，虽然那个鸟笼华丽得像宫殿，它也不愿意再住在里边了。它觉悟了，因为见了许多不幸的人，知道自己以前的生活也是很可怜的。没意义的唱歌，没趣味的唱歌，本来是不必唱的。为什么要为哥儿唱，为哥儿的姊妹兄弟们唱呢？当初糊里糊涂的，以为这种生活还可以，现在见了那些跟自己一样可怜的人，就越想越伤心。它忍不住，哭了，眼泪滴滴嗒嗒的，简直成了特别爱感伤的杜鹃了。

它开始飞，往荒凉空旷的地方飞。晚上，它住在乱树林子里；白天，它高兴飞就飞，高兴唱就唱。饿了，就随便找些野草的果实吃。脏了，就到溪水里去洗澡。四外不再有笼子的栏杆围住它，它愿意怎么样就怎么样。有时候，它也遇见一些不幸的东西，它伤心，它就用歌声来破除愁闷。说也奇怪，这么一唱，心里就痛快了，愁闷像清晨的烟雾，一下子就散了。要是不唱，就憋得难受。从这以后，它知道什么是歌唱的意义和趣味了。

世界上，到处有不幸的东西，不幸的事儿——都市，山野，小屋子里，高楼大厦里。画眉有时候遇见，就免不了伤一回心，也就免不了很感慨地唱一回歌。它唱，是为自己，是为值得自己关心的一切不幸的东西，不幸的事儿。它永远不再为某一个人或某几个人的高兴而唱了。

画眉唱，它的歌声穿过云层，随着微风，在各处飘荡。工厂里的工人，田地上的农夫，织布的女人，奔跑的车夫，掉了牙的老牛，皮包骨的瘦马，场上表演的猴子，空中传信的鸽子……听见画眉的歌声，都心满意足，忘了身上的劳累，忘了心里的愁苦，一齐仰起头，嘴角上挂着微笑，说："歌声真好听！画眉真可爱！"

1922年3月24日写毕

聪明的野牛

在很远很远的树林子里,住着一群野牛。他们随意吃草,随意玩儿,来来往往总是成群结队的,非常快乐。

一天,他们正在树林里的草地上散步,忽然一个穿绿衣裳的邮差来了,给他们送来一封信。接信的那条牛看了看信封,高兴地喊:"咱们住在城市里的同族给咱们寄信来了!"

旁的牛听见了,立刻凑过来,都很高兴地喊:"快拆开来看!"

接信的那条牛把信拆了,用粗大的声音念起来:

咱们虽然没见过面,可是从祖先传下来,知道很远很远的地方住着我们的同族,就是你们。我们常常想念你们,常常希望有一天彼此聚在一块儿。你们想,长胡子的羊,大肚子的猪,并不是我们的同族,我们还挺愿意跟他们一块儿游逛,一块儿出来进去,何况你们是我们的同族呢。

我们这里挺好。住得舒服，是瓦盖的房子。吃的也好，是鲜嫩的青草。我们希望你们到这里来，咱们共同享受这些东西。你们住在树林子里，碰到下雨就糟了。你们那里恐怕只有些细小的茅草，这怎么吃得饱呢！来吧，来跟我们共同享受这些好东西吧。

现在什么事情都方便了，你们千万别嫌远，坐火车来，只要三天工夫就到了。你们没坐过火车吧？挺舒服的，车厢有木板围着，两块木板中间有一道缝，又透气，又可以看看外边的景致。你们应当见识见识。一准坐火车来吧。

我们在这里预备欢迎你们。

住在城市里的你们的同族

野牛听了信里的话，都觉得很快活，没想到那么远的同族，居然在远远的地方欢迎他们去共同享受好东西。可是问题来了：马上全体同去呢，还是不马上去，过几天再说？

一条野牛说："去去也可以。不过咱们没坐过火车，不知道那玩意儿容易坐不容易坐。你们没听信上说吗？虽说很方便，也差不多要三天工夫呢。"

又一条野牛说:"他们说什么瓦盖的房子,不知道咱们住得惯住不惯。照我想,盖得看不见天,看不见四周围,住在里边总该有点儿气闷。"

第三条野牛说:"他们说吃的是鲜嫩的青草,我怕吃不饱。咱们得吃又老又结实的草,这才有嚼头。"他说完,低头咬了一口草,很有味地嚼着。

第四条野牛说:"总不该辜负他们的好意,咱们得想个妥善的办法。"

一条聪明的野牛仰起头,摇摇尾巴说:"他们欢迎咱们去,咱们也愿意去。咱们怕的,只在去的时候不方便,到了那边住不惯。据我的意见,咱们不妨推举一位先去看看情形,顺便谢谢他们的好意。要是那边确是好,然后全体去。"

"这意思很好!"全体野牛一齐喊,同时都摇摇尾巴,表示赞成。

一条野牛说:"我们就推举你去,你最聪明。"

"赞成!赞成!"大家又都摇摇尾巴。

那聪明的野牛立刻动身,代表全体野牛,到城市里去看望同族,参观他们的生活情形。

聪明的野牛到了城市,就从火车上下来。他觉得坐火车倒也有趣，树木都往后边跑，平地老是在那里旋转，这过去都没见过。只是那车厢太拘束了，这边也是乘客，那边也是乘客，身子连动都不能动。要是住在城市里常常要坐这个东西，就太不舒服了。

他想着，一面往四外张望。那边一大群牛瞧见他了，立刻都跑过来喊："欢迎！欢迎！"接着，都围住他，跟他摩脸为礼，然后拥着他回到他们的家。

到家以后，他们领着他看房子，请他吃槽里的草。并且说，这些全是人给预备的，不用他们自己费心。要是不高兴出去，成年住在这里也没什么忧愁。

野牛觉得不明白，他就问："人为什么要给你们预备房子和草呢？"

"那没有别的，他们跟我们有交情，所以给我们预备这些东西。"

"事情没这么简单吧？我要仔细看看，才会明白。"

"你看吧，"城市里的牛一齐笑起来，"你在这里住几天，就知道我们的生活多舒服，人待我们多好了。"

野牛住了几天，觉得这屋子很憋气，完全没有树林里的那种清风。草虽然是嫩的，可是不像野地的草那么有嚼头，有味道。这些都不关紧要，他想弄明白的是人跟他们的交情到底怎么样。

他跟着他们出去玩一会儿,这就让他看出来了。回到家里,他亲切地劝告他们说:"你们弄错了,我看人跟你们并没什么交情。不然,为什么要拿鞭子打你们呢?"

"这有道理。因为我们走错了路,不朝这里走,他一时招呼不过来,所以用鞭子指点我们。这不能算用鞭子打。"

野牛提醒他们说:"你们真是让什么给弄迷糊了,还有可怕的事情等着你们呢。这个人实在是个屠夫!我刚才靠近他,闻到他满身的血腥气,正是咱们同族的血腥气。他为什么要盖房子给你们住,预备草料给你们吃,你们还想不明白吗?"

城市里的牛有点儿怕起来了,你看看我,我看看你,半信半疑地说:"不见得吧?"

野牛说:"不见得?还说不见得!等他把你们捆起来,拿出刀来的时候,你们后悔就来不及了。"

"那怎么办呢?"有几条牛垂头丧气地说。

野牛说:"你们听我的话,大家离开这里就是了。"

"离开这里?哪里去住,哪里去吃呢?"

野牛说:"世界上地方多得很。你们只要拔起腿来跑,什么地方不能去!你们一定要住房子吗?树林里的生活才痛快呢。你们一定要吃槽里的草吗?到处跑,到处吃地上的草,味道比这好得多。你们不要以为只有在这里才能生活,世界上都是咱们生活的地方。我们野牛就因为明白了这一层,所以从来没遇见什么危险。你们是永远住在危险里头,赶快看清楚一点儿吧!"

一条母牛说:"你叫我们离开这里,这怎么成呢?我们跑,人就要追。我们不回来,他手里有鞭子。"

野牛笑了,说:"你们没试过,怎么知道不成呢?你们往四面跑,他去追哪一个好?等他不追了,你们还是可以聚集在一块儿。"

"我们为了自己的生命,只好试一下了。但是,离开这里去过流浪生活,不知道到底怎么样,想想也有点儿害怕。"

第二天,城市里的牛在一个空场上散步,野牛也在里头。

人的屋子里有清脆的磨刀声音。

野牛警告他们说:"听见了吗?时候到了,不能再等了!"

城市里的牛都禁不住打哆嗦,你看看我,我看看你，说不出话来。

野牛英勇地喊："要生活的，就该拿出勇气来！你们忘了吗？拔起腿来跑！往四面跑！"

他这声音好像给大家灌注了一股勇气，大家立刻胆壮了，拔起腿来就往四面跑。他们跑了一会儿，久住的房子和常到的空场都撇在后头了。

看牛的人想不到有这么一回事，马上放下手里的刀，跑出来追。但是追哪一条好呢？他正在发愣，场里空了，一条牛也没有了。

许多牛从好几条路聚集在一块儿，大家说："离开老地方，原来也没什么困难。"

野牛说："跟我回去，尝尝我们野地生活的味道吧。"

他们就到野牛的树林子里，安适地活下去。

1924年5月17日发表

燕　子

　　一丛棠棣花在柳树下开得多美丽呀，仿佛天空的繁星放出闪闪的光。顽皮的风推着，摇着，棠棣花怕羞，轻轻地摆动腰肢。风觉得有趣，推着，摇着，再也不肯罢休。棠棣花的腰肢摆动得真有点儿累了。

　　花丛旁边躺着一只可怜的小东西。他张开嫩黄的小嘴，等待妈妈爱抚的接吻。可是妈妈在哪里呢？他悲哀地叫着。他的蓝色的羽毛闪着光，项颈前围着红色的围巾，真是个美丽的小东西。他背部的羽毛沾着些儿血，原来他受伤了。

　　清早醒来，他唱罢了晨歌，亲过了妈妈的嘴，笑着对妈妈说："我要去看看春天的景致，听邻家的哥哥姐姐们的歌唱。妈妈，让我出去玩一会儿吧。"

　　妈妈答应了，亲着他的嫩黄的嘴说："好好儿去吧，我的宝贝。"

　　他于是离开了家，到处游逛。他听到泉水在细语，看到杜鹃花在浅笑，在幽静的小山上，他唱了几支歌，在清澈的小溪边，他洗了一回澡。他觉得累了，想休息一会儿，就停在柳树的桠枝上。

不知道什么地方飞来一颗泥弹，正打中了他的背。他一阵痛，就从柳树上掉下来，躺在棠棣花旁边。他用小嘴修剔背上的羽毛，沾着湿漉漉的什么东西，一看，红的，这不是血么！他觉得痛得受不了了，就哀哭一般地叫起来："妈妈，你在哪里呀？你的宝贝受伤了！妈妈，你在哪里呀？"

但是，妈妈哪里听得见呢？

柳树听见他哀叫，安慰他说："可怜的小东西，你吃苦了。你的妈妈在哪里？可惜我的手臂够不着你，不能扶你起来。"

池塘里的水听见他哀叫，安慰他说："可怜的小朋友，你吃苦了。你的妈妈在哪里？可惜我不得自由，不能到岸上把你背上的血洗去。"

蜜蜂飞过，听见他哀叫，安慰他说："可怜的小朋友，你吃苦了。你的妈妈在哪里？可惜我的翅膀太单薄，不能抱着你把你送回家去。"

棠棣花早就听到他在哀叫，而且听得最真切，因为贴近他的身旁。她十分可怜他，甜蜜地安慰他说："美丽的小东西，妈妈总会来的，不要哭。你可以在我这里休息一会儿,我盖着你,保护你。你好好儿休息吧。"

听了许多安慰他的话,他似乎痛得轻了些。他心里想:"他们多么关心我呀。可是妈妈在等我呢,我不回去,妈妈一定着急了。"

这一天,青子正好放假。她来到野外,采了些野花,预备送给她的小朋友玉儿。她穿着湖色的衫子,两条小胳膊露在外面,又细又软的头发披在肩上,时时被风吹得飘起来。看她的步子这样轻松,就知道她心里装满了快乐。

她手里已经有了红的花和白的花,待看到粉红的棠棣花,她也想采一点儿。正要采的时候,一声哀苦的叫唤使她住了手,原来一只可爱的小燕子躺在那里。啊,闪着光的羽毛上沾着血呢!

她放下手中的花,把小燕子捧了起来;取出雪白的手绢给他擦去背上的血。她轻轻地抚摩着他的羽毛,用右颊亲着他,温柔地说:"可怜的小宝贝,你吃苦了。是谁欺侮了你?是谁欺侮了你?现在你的痛苦过去了。我给你睡又软和又温暖的床,给你吃又甜又香的食品。我做你的亲爱的伴侣。你跟我回家去吧,小宝贝。"

小燕子睡在她的手掌上,又温暖又软和,感到非常舒适。可是他又叫了,不是为了痛,只是为了想念妈妈。"妈妈,我遇见了一位可爱的小姑娘。她喜欢我,带我到她家里去了。你到她家里来看我吧,我很平安,但是你要马上来呀!"

柳树、池塘里的水、蜜蜂、棠棣花全都放心了,一同对小燕子说:"青子是一位仁慈的小姑娘。她能体会我们的心愿。你跟她去吧。你的妈妈找到这里来,我们会告诉她的。再会了,幸福的小燕子!"

青子把小燕子带到家里,先去告诉了玉儿,顺便把采到的野花送给了她。玉儿听了非常喜欢,说她们俩一定要好好调养小燕子,使他恢复活泼可爱的原样儿。她们俩于是有新鲜的事儿干了。

青子调了些很好的东西给小燕子吃;玉儿采来柔软的草铺在一个匣子里,做小燕子的巢。小燕子吃饱了,因为才受过伤,有点儿疲倦,昏昏沉沉地想睡了。青子和玉儿看护着他,轻轻地唱着催眠曲:"小宝贝睡呀!猫来,打他,狗来,骂他,小宝贝睡呀!"小燕子听着歌声,渐渐熟睡了。

小燕子一觉醒来,只见两张笑脸紧贴着,都在看着他呢。他回想自己受伤以后的事儿,心里说:"妈妈,你怎么还不来呢?你一定在找我,我却在这里等你。小姑娘待我很好,她们为什么不把你也接来呢?"他一边想，一边滴下眼泪来了。

青子看了觉得很难受，用手绢轻轻地按住自己的眼睛。她说："小宝贝，暂且忍耐一会儿。现在还没法找到你的妈妈。暂时把我这里当做你的家吧，好好儿静养，把你的伤快点儿养好。我们一定想办法寻找你的妈妈。"

小燕子只是掉眼泪。

玉儿对他说："你最喜欢唱歌，一定也喜欢听歌。我唱一支歌给你解闷儿吧。"

玉儿就唱起来：

树上的红从哪里来？
山头的绿从哪里来？
红襟的小宝贝呀，
是你带来了春天的消息。

溪上的绿波从哪里来？
田野的泥香从哪里来？
红襟的小宝贝呀，
是你带来了春天的消息。

醉人的暖风从哪里来?
迷人的烟景从哪里来?
红襟的小宝贝呀,
是你带来了春天的消息。

玉儿唱着,青子和着,歌声格外好听。她们把脸贴着匣子低声问:"你该快活了吧?我们的歌声跟你相比怎么样?"

小燕子本来就喜欢唱歌,听她们这样说,禁不住要试一试。他就唱起来:

亲爱的妈妈你在哪里?
亲爱的妈妈你在哪里?
你的宝贝在这里呀,
谁给你传个消息?

你在山上找我么?
你在水边找我么?
你的宝贝在这里呀,
谁给你传个消息?

我在这里等你呢!
我在这里等你呢!
我要睡在你怀里呀,
谁帮我传个消息?

青子忽然拍着玉儿的肩膀说:"想着了,我们何不在报上登个广告呢。"

玉儿马上拿来了铅笔和纸,嚷嚷说:"我来写,我来写。"她就动笔写起来:

"亲爱的妈妈,孩儿中了一颗泥弹,受了轻微的伤。青子小姑娘留我住在她家里,现在一切都安适。你不要惊慌,一丝儿惊慌也用不着。可是孩儿盼望妈妈立刻来看我。尽你翅膀的力量——但是不要太累了,快来,快来!你亲爱的小宝贝。"

青子笑着对小燕子说:"玉儿姑娘代你写得很好。明天你妈妈看报,看见了这个广告,一定会尽快飞来接你。现在你可以宽心了。"

小燕子不再掉泪了。青子和玉儿伴着他,给他讲黄金洞里的小女王的故事。晚上点起了灯,她们又在金色的灯光下唱那些神仙们爱唱的歌，直到他进了梦乡。小燕子梦见同他的妈妈去访问竹鸡的家，小竹鸡取出松子来款待他，他好不快活。

第二天上午，小燕子的妈妈急急忙忙飞来了。她一看见她的宝贝，就张开翅膀抱住他说："寻得我心都碎了！伤在什么地方？我的宝贝……"

小燕子快乐得直流泪。他张开了嫩黄的小嘴，不住地亲他妈妈。他说："妈妈来了，一切都好了！伤口已经结拢，而且丝毫不觉得痛了。"

"你真幸运。"妈妈说，"大家都这样关心你，爱护你。"

小燕子撒娇说："是呀，我遇到的全是好意。要不是大家这样爱护，我的伤不会好得这样快。"

"咱们回家去吧。"妈妈快乐地说。

青子和玉儿掉泪了，她们舍不得小燕子回去，又不忍叫小燕子不要回去。

小燕子安慰她们说："好姑娘，好姑娘，不要哭，我天天来看望你们。我有新鲜的歌，一定来唱给你们听，我有好东西，一定给你们送来，因为你们待我太好了。"

小燕子跟着妈妈回家去了。他每天来看望青子和玉儿,唱一回歌,扑着翅膀跳一回舞。每年春天,他从南方回来,总带些红的白的珊瑚和美丽的贝壳,送给青子和玉儿玩。

青子和玉儿看见他来了,就拿出当时那个匣子说:"你又回来了,这是你的旧居,来歇一歇吧。"

1922年11月17日

含羞草

一棵小草跟玫瑰是邻居。小草又矮又难看,叶子细碎,像破梳子,茎瘦弱,像麻线,站在旁边,没一个人看它。玫瑰可不同了,绿叶像翡翠雕成的,花苞饱满,像奶牛的乳房,谁从旁边过,都要站住细看看,并且说:"真好看!快开了。"

玫瑰花苞里有一个,仰着头,扬扬得意地说:"咱们生来是玫瑰花,太幸运了。将来要过什么样的幸福生活,现在还说不准,咱们先谈谈各自的愿望吧。春天这么样长,闷着不谈谈,真有点儿烦。"

"我愿意来一回快乐的旅行,"一个脸色粉红的花苞抢着说,"我长得漂亮,这并不是我自己夸,只要有眼睛的就会相信。凭我这副容貌,我想跟我一块儿去的,不是阔老爷,就是阔小姐。只有他们才配得上我呀。他们的衣服用伽南香熏过,还洒上很多巴黎的香水,可是我蹲在他们的衣襟上,香味最浓,最新鲜,真是压倒一切,你说这是何等荣耀!车,不用说,当然是头等。椅子呢,是鹅绒铺的,坐上去软绵绵的,真是舒服得不得了。窗帘是织锦的,上边的花样是有名的画家设计的。放下窗帘,你可以欣赏那名画,并且,车里光线那么柔和,睡一会儿午觉也正好。要是拉开窗帘,那就更好了,窗外边清秀的山林,碧绿的田野,在那里飞,飞,飞,转,转,转。这样舒服的旅行,我想是最有意思的了。"

"你想得很不错呀!"好些玫瑰花苞在暖暖的春天本来有点儿疲倦,听它这一说,精神都来了,好像它们自己已经蹲在阔老爷阔小姐的衣襟上,正坐在头等火车里作快乐的旅行。

可是左近传来轻轻的慢慢的声音:"你要去旅行,的确是很有意思,可是,为什么一定要蹲在阔老爷阔小姐的衣襟上呢?你不能谁也不靠,自己想怎么着就怎么着吗?并且,你为什么偏看中了头等车呢?一样是坐火车,我劝你坐四等车。"

"听,谁在哪儿说怪话?"玫瑰花苞们仰起头看,天青青的,灌木林里只有几个蜜蜂嗡嗡地飞,鸟儿一个也没有,大概是到树林里玩耍去了——找不到那个说话的。玫瑰花苞们低下头一看,明白了,原来是邻居的小草,它抬着头,摇摆着身子,像一个辩论家似的,正在等对方答覆。

"头等车比四等车舒服,我当然要坐头等车。"愿意旅行的那个玫瑰花苞随口说。说完,它又想,像小草这么卑贱的东西,怎么能懂得什么叫舒服,非给它解释一下不可。它就用教师的口气说:"舒服是生活的尺度,你知道吗?过得舒服,生活才算有意义,过得不舒服,活一辈子也是白活。所以吃东西就要山珍海味,穿衣服就要绫罗绸缎。吃杂粮,穿粗布,自然也可以将就活着,可是,有吃山珍海味、穿绫罗绸缎舒服吗?当然没有。就为这个,我就不能吃杂粮,穿粗布。同样的道理,四等车虽然也可以坐着去旅行,我可看不上。座位那么脏,窗户那么小,简直得憋死。你倒劝我去坐四等车,你安的什么心?"

小草很诚恳地说:"哪样舒服,哪样不舒服,我也不是不明白,只是,咱们来到这世界,难道就专为求舒服吗?我以为不见得,并且不应该。咱们不能离开同伴,自个儿过日子。并且,自己舒服了,看见旁边有好些同伴正在受罪,又想到就因为自己舒服了他们才受罪,舒服正是罪过,这时候舒服还能不变成烦恼吗?知道是罪过,是烦恼,还有人肯去做吗?求舒服,想吃好的,穿好的,用好的,都是不知道反省,不知道自己的行为是罪过的人。"

愿意旅行的那个玫瑰花苞很看不起小草,冷笑了一声说:"照你这么说,大家挤在监狱似的四等车里去旅行,才是最合理啦!那么,最舒服的头等车当然用不着了,只好让可怜的四等车在铁路上跑来跑去了,这不是退化是什么!你大概还没知道,咱们的目的是世界走向进化,不是走向退化。"

"你居然说到进化!"小草也冷笑一声,"我真忍不住笑了。你自己坐头等车,看着别人猪羊一样在四等车里挤,这就算是走向进化吗?照我想,凡是有一点儿公平心的,他也一样盼望世界进化,可是在大家不能都有头等车坐的时候,他就宁可坐四等车。四等车虽然不舒服,比起亲自干不公平的事儿来,还舒服得多呢。"

"嘘!嘘!嘘!"玫瑰花苞们嫌小草讨厌,像戏院的观众对付坏角色一样,想用嘘声把它哄跑,"无知的小东西,别再胡说了!"

"咱们还是说说各自的希望吧。谁先说?"一个玫瑰花苞提醒大家。

"我愿意在赛花会里得第一名奖赏。"说话的是一朵半开的玫瑰花,它用柔和的颤音说,故意显出娇媚的样子,"在这个会上,参加比赛的没有凡花野花,都是世界上第一等的，稀有的，还要经过细心栽培，细心抚养，一句话，完全是高等生活里培养出来的。在这个会上得第一名奖赏，就像女郎当选全世界的第一美人一个样，真是什么荣耀也比不上。再说会上的那些裁判员，没一个是一知半解的，他们学问渊博，有正确的审美标准，知道花的姿势怎么样才算好，颜色怎么样才算好，又有历届赛花会的记录作参考，当然一点儿也不会错。他们判定的第一名，是地地道道的第一名，这是多么值得骄傲。还有呢，彩色鲜明气味芬芳的会场里，挤满了高贵的文雅的男女游客，只有我，站在最高的紫檀几上的古瓷瓶里，在全会场的中心，收集所有的游客的目光。看吧，爱花的老翁拈着胡须向我点头了，华贵的阔佬挺着肚皮对我出神了，美丽的女郎也冲着我，从红嘴唇的缝儿里露出微笑了。我，这时候，简直快活得醉了。"

"你也想得很不错呀！"好些玫瑰花苞都一致赞美。

可是想到第一名只能有一个，就又都觉得第一名应该归自己，不应该归那个半开的：不论比种族，比生活，比姿势，比颜色，自己都不比那个半开的差。

但是那个好插嘴的小草又说话了，态度还是很诚恳的："你想上进，比别人强，志气确是不错。可是，为什么要到赛花会里去争第一名呢?你不能离开赛花会,显显你的本事吗?并且,你为什么这样相信那些裁判员呢?依我说,同样的裁判,我劝你宁可相信乡村的庄稼老。"

"你又胡说!"玫瑰花苞们这回知道是谁说话了,低下头看,果然是那邻居的小草,它抬着头,摇摆着身子,在那里等着答复。

愿意得奖的玫瑰花苞歪着头,很看不起小草的样子,自言自语说:"相信庄稼老的裁判?太可笑了!不论什么事,都有内行,有外行,外行夸奖一百句,不着边儿,不如内行的一句。我不是说过吗?赛花会上那些裁判员,有学问,有标准,又有丰富的参考,对于花,他们当然是百分之百的内行。为什么不相信他们的裁判呢?"它说到这里,心里的骄傲压不住了,就扭一扭身子,显显漂亮,接着说:"如果我跟你这不懂事的小东西摆在一起,他们一定选上我,踢开你。这就证明他们有真本领,能够辨别什么是美,什么是丑。为什么不相信他们的裁判呢?"

"我并不想跟你比赛,抢你的第一名。"小草很平静地说,"不过你得知道,你们以为最美丽的东西,不过是他们看惯了的东西罢了。他们看惯了把花朵扎成大圆盘的菊花,看惯了枝干弯曲得不成样子的梅花,就说这样的花最美丽。就说你们玫瑰吧,你们的祖先也这么臃肿吗?当然不是。也因为他们看惯了臃肿的花,以为臃肿就是美,园丁才把你们培养成这样子,你还以为这是美丽吗?什么爱花的老翁、华贵的阔佬、美丽的女郎,还有有学问有标准的裁判员,他们是一伙儿,全是用习惯代替辨别的人物。让他们夸奖几句,其实没有什么意思。"

愿意得奖的玫瑰花苞生气了,噘着嘴说:"照你这么一说,赛花会里就没一个人能辨别啦?难道庄稼老反倒能辨别吗?只有庄稼老有辨别的眼光,咳!世界上的艺术真算完了!"

"你提到艺术,"小草不觉兴奋起来,"你以为艺术就是故意做成歪斜屈曲的姿势,或者高高地站在紫檀几上的古瓷瓶里吗?依我想,艺术要有活跃的生命,真实的力量,别看庄稼老……"

"不要听那小东西乱说了,"另一个玫瑰花苞说,"看,有人买花来了,咱们也许要离开这里了。"

来的是个肥胖的厨子,胳膊上挎着个篮子,篮子里盛着脖子割破的鸡,腮盖一起一落的快死的鱼,还有一些青菜和莴苣。厨子背后跟着个弯着腰的老园丁。

老园丁举起剪刀，喀嚓喀嚓，剪下一大把玫瑰花苞。这时候，有个蜜蜂从叶子底下飞出来，老园丁以为它要螫手，一袖子就把它拍到地上。

剪下来的玫瑰花苞们一半好意，一半恶意，跟小草辞别说："我们走了，荣耀正在等着我们。你自个儿留在这里，也许要感到寂寞吧？"它们顺手推一下小草的身体，算是表示恋恋不舍的感情。

一阵羞愧通过小草的全身，破梳子般的叶子立刻合拢来，并且垂下去，正像一个害羞的孩子，低着头，垂着胳膊。它替无知的庸俗的玫瑰花苞们羞愧，明明是非常无聊，它们却以为十分光荣。

过了一会儿，小草忽然听见一个低微的嗡嗡的声音，像病人的呻吟。它动了怜悯的心肠，往四下里看看，问："谁哼哼哪？碰见什么不幸的事儿啦？"

"是我，在这里。我被老园丁拍了一下，一条腿受伤了，痛得很厉害。"声音是从玫瑰丛下边的草丛里发出来的。

小草往那里看，原来是一只蜜蜂。它很悲哀地说："你的腿受伤啦？要赶紧找医生去治，不然，就要成瘸子了。"

"成了瘸子,就不能站在花瓣上采蜜了!这还了得!我要赶紧找医生去。只是不知道什么地方有医生。"

"我也不知道——喔,想起来了,常听人说'药里的甘草',甘草是药材,一定知道什么地方有医生。隔壁有一棵甘草,等我问问它。"小草说完,就扭过头去问甘草。

甘草回答说,那边大街上,医生多极了,凡是门口挂着金字招牌,上边写某某医生的都是。

"那你就快到那边大街上,找个医生去治吧!"小草催促蜜蜂说,"你还能飞不能?要是还能飞,你要让那只受伤的腿蜷着,防备再受伤。"

"多谢!我就照你的话办。我飞是还能飞,只是腿痛,连累得翅膀没力气。忍耐着慢慢飞吧。"蜜蜂说完,就用力扇翅膀,飞走了。

小草看蜜蜂飞走了,心里还是很惦记它,不知道能不能很快治好,如果十天半个月不能好,这可怜的小朋友就要耽误工作了。它一边想,一边等,等了好半天,才见蜜蜂哭丧着脸飞回来,翅膀好像断了似的,歪歪斜斜地落下来,受伤的腿照旧蜷着。

"怎么样?"小草很着急地问,"医生给你治了吗?"

"没有。我找遍了大街上的医生,都不肯给我治。"

"是因为伤太重,他们不能治吗?"

"不是。他们还没看我的腿,就跟我要很贵的诊费。我说我没有钱,他们就说没钱不能治。我就问了,'你们医生不是专给人家治病的吗?我受了伤为什么不给治?'他们反倒问我,'要是谁有病都给治,我们真个吃饱了没事做吗?'我就说,'你们懂得医术,给人治病,正是给社会尽力,怎么说吃饱了没事做呢?'他们倒也老实,说,'这种力我们尽不了,你把我们捧得太高了。我们只知道先接钱,后治病。'我又问,'你们诊费诊费不离口,金钱和治病到底有什么分不开的关系呢?'他们说,'什么关系?我们学医术,先得花钱,目的就在现在给人治病挣更多的钱。你看金钱和治病的关系怎么能分开?'我再没什么话跟他们说了,我拿不出诊费,只好带着受伤的腿飞回来。朋友,我真没想到,世界上有这么多医生,却不给没钱的人治病!"蜜蜂伤感极了,身体歪歪斜斜的,只好靠在小草的茎上。

又是一阵羞愧通过小草的全身,破梳子般的叶子立刻合拢来,并且垂下去,正像一个害羞的孩子,低着头,垂着胳膊。它替不合理的世间羞愧,有病走进医生的门,医生却拒绝医治。

没多大工夫，一个穿短衣服的男子来了，买了小草，装在盆里带回去，摆在屋门前。屋子是草盖的，泥土打成的墙，没有窗，只有一个又矮又窄的门。从门往里看，里边一片黑。这屋子附近还有屋子，也是这个样子。这样的草屋有两排，面对面，当中夹着一条窄巷，满地是泥，脏极了，苍蝇成群，有几处还存了水。水深黑色，上边浮着一层油光，仔细看，水面还在轻轻地动，原来有无数孑孓在里边游泳。

小草正往四外看，忽然看见几个穿制服的警察走来，叫出那个穿短衣服的男子，怒气冲冲地说："早就叫你搬开，为什么还赖在这里？"

"我没地方搬哪！"男子愁眉苦脸地回答。

"胡说！市里空房子多得很，你不去租，反说没地方搬！"

"租房子得钱，我没有钱哪！"男子说着，把两只手一摊。

"谁叫你没有钱！你们这些破房子最坏，着了火，一烧就是几百家，又脏成这样，闹起瘟疫来，不知道要害死多少人。早就该拆。现在不能再宽容了，这里要建筑华丽的市场，后天开工。去，去，赶紧搬，赖在这里也白搭！"

"往哪儿搬！叫我搬到露天去吗？"男子也生气了。

"谁管你往哪儿搬！反正得离开这儿。"说着，警察就钻进草屋，紧接着一件东西就从屋里飞出来，掉在地上，嘭！是一个饭锅。饭锅在地上连转带跑，碰着小草的盆子。

又是一阵羞愧通过小草的全身，破梳子般的叶子立刻合拢来，并且垂下去，正像一个害羞的孩子，低着头，垂着胳膊。它替不合理的世间羞愧，要建筑华丽的市场，却不管人家有没有住的地方。

这小草，人们叫它"含羞草"，可不知道它羞愧的是上边讲的一些事儿。

1930年2月20日发表

地　球

很久很久以前，大地光滑浑圆，跟皮球一个样儿。

为什么后来会有高高的山，山下有平地，更有凹下去的盛满了水的海呢？

当初，人们生活在地球上，大家都很安乐。饿了，他们采树上的鲜果吃。鲜果好看极了，拿在手里就让人忘了饥饿；味道又香又甜，吃到嘴里有没法形容的快活。

人们闲着没事做，到处开唱歌会跳舞会。不光人们，鸟呀，树林呀，风呀，泉水呀，也一同唱歌；野兽呀，大树呀，草呀，星星呀，也跟着跳舞。

人们热闹极了，开心极了；他们不懂得忧愁，从来不啼哭。他们疲倦了就躺在地面上，月亮像一位和善的老太太，用银色的光辉照在他们的脸上。你可以看到他们做着梦，还在开心地笑呢！

忽然从云端里吹来几阵风，把树上的叶子全给吹了下来。人们开始吃惊了，害怕了，他们看到所有的树都只剩下光杆,连一个果子也没有了,肚子要是饿起来,这日子怎么过呢?

唱歌会停止了,跳舞会停止了,大家喊道:

"困难的日子到了!困难的日子到了!你们没瞧见吗,树上连一个果子也没有了?"

"咱们吃什么呢?咱们吃什么呢?肚子饿起来,咱们怎么办?"

"大家快想办法呀!大家快想办法呀!挨饿可不是好受的。"

聪明的人想出办法来了。他们说:"靠果子过日子是靠不住的。咱们会有东西吃的,咱们耕种,咱们收割,咱们把收割下来的东西储藏起来,要吃的时候就拿出来吃,咱们就不会挨饿了。现在只要大家都来耕种。"

大家听了一齐拍手欢呼。他们说:"咱们得救了!咱们不怕挨饿了!大家都来耕种呀!"

他们一边高呼,一边举起锄头,就在自己站着的地方耕种。但是有些柔弱的人,他们拿不动锄头,只好站在一旁呆看。想到自己不久就要挨饿了,他们要求耕种的人说:"你们种出了东西来,分点儿给我们吃吧。咱们是好朋友,你们应该可怜我们,我们拿不动锄头呀。"

拿锄头的人想,分点儿给他们,这还不容易。种出来的东西多了,吃不完堆积起来有什么用呢?他们很痛快地答应了。到了收获的季节,稻呀麦呀,都分给他们每人一份,跟拿锄头耕种的人一样多。

耕种的时候总要拣去一些僵土和石块。大家看那些柔弱的人站的地方反正空着,就把拣出来的僵土石块往那里扔。僵土和石块堆高一点儿,那些柔弱的人就往高里站一点儿。他们好像泛在水缸里的泡沫,水尽管一桶一桶往缸里倒,泡沫总浮在水面上。

拿锄头的人仍旧把耕种出来的东西分给柔弱的人吃,仍旧每人一份。可是要分给他们,不像先前那样便当了,要背着稻呀麦呀,爬上土石堆。土石堆越来越高,稻呀麦呀见得越来越重,压得他们背都弯了,胸口几乎碰着了膝盖。他们像拉风箱似的喘着气,一步一步往土石堆上爬,汗跟泉水一般从每一个汗毛孔里流出来。他们唱着歌,忘记了劳累。他们是这样唱的:

他们是我们的好朋友,我们的好朋友。

他们拿不动锄头,我们拿得动锄头。

分给他们一份稻,分给他们一份麦。

反正我们有力气，应该帮助好朋友。

柔弱的人接了礼物，懒懒地吃；才吃完一份，第二份又送来了，送第三份第四份的人背着东西，正跟牛马一样爬上来呢。他们向下望，土石堆上已经给踏出了一条路，背着东西的人脚尖接着脚跟，一摇一晃地在向上爬，真有点儿傻劲。他们看着，又白又瘦的脸上现出冷淡的微笑。

可是不好了，拿锄头的人耕种的地方，有几处忽然积了许多水，不能耕种了。水是从哪里来的呢？聪明的人考查出来了，他们说："你们看柔弱的人站着的土石堆，让咱们踩得往下凹的那条路上，不是涓涓不绝地有水在流下来么？水冲在石头上，不是激起了浪花么？水就是从土石堆上流下来的。如果追根究柢，那么咱们的身体就是最初的泉源；咱们把东西送上去的时候，每一个汗毛孔就是一个泉眼。"

聪明的人说的不错，但是有水的地方不能耕种了，怎么办呢？只好大家挤紧一点儿，在还没被水淹的地方耕种。

过了一年又一年，拿锄头的人努力耕种，不断地把东西送上土石堆去。他们的汗水渗进土里，胶住了石块。汗水富有滋养料，土石堆上于是长出了青青的草，绿油油的树。柔弱的人闲着没事干，眯起深陷的眼睛看着。他们赞美说："这里应当叫做山。你们看，山上的景致多么好，美丽极了。"

山的周围，僵土石块越堆越多，山就越来越高，爬上去送东西越来越吃力，他们的汗水流得更多了。汗水不停地从山上流下来，地面积水的范围自然越来越扩大，可以耕种的地方自然越来越少了。拿锄头的人只好挤得更紧了。

到了后来，拿锄头的人实在觉得不能再往山上送东西了，再送就会耽误了耕种的季节。他们同柔弱的人商量说："我们实在没有工夫再给你们送东西了，这山路太长了。你们自己下山来取吧，反正你们闲着没事干。"

柔弱的人摇摇头，他们有气无力地说："我们这样柔弱，哪能背东西上山呢？你们要可怜我们，帮忙帮到底。咱们是最好最好的好朋友呢！"

拿锄头的人看他们满脸愁容，眼角上似乎挂着泪水，心就软了，对他们说："既然这样，仍旧照老样子，东西由我们送上山来。我们有一天力气就耕种一天，帮助你们一天。你们放心吧，不用犯愁，没事儿就望望山景吧！"

可是耕种的地方越来越少，拿锄头的人挤得越来越紧，种出来的东西却不会因此而增多。有的人上山去送东西，回来的时候疲乏不堪，又错过了耕种的季节，原先归他们耕种的地方就此荒芜了。别人只好把自己份内的东西省出一部分来分给他们，使他们不至于挨饿。

情形看来越来越糟，大家的土地都有点儿荒芜的样子，但是大家还凑出东西来送上山去，分给柔弱的人的东西还跟分给大家的一样多。本来吃不饱，又要背着沉重的东西爬这样陡的山路，他们累极了，身上瘦得只剩了一层皮，脸上全是皱纹，背给压弯了，声音也变得又沙又哑。要是说他们曾经是唱歌的好手，跳舞的好手，还有谁相信呢？

有的人因为又饿又累，病倒了，几乎死掉。他们的慈祥的母亲忍不住哭了，眼泪像线一样直往下流，流向水淹的地方。水淹的地方不断地扩大，起风的时候，涌起的波浪像山一样高。

慈祥的母亲望着汹涌的波涛说："这里应当叫做海。海里的水是咸的，都是我的眼泪和孩子的汗水。"

所以即使天朗气清，你到海边去，总可以听到波浪在呜咽着，在诉说悲哀。

前面说的就是地球上怎么会有山有海有平地的故事。你要是问,山上的那些柔弱的人现在到哪里去了呢?我可以告诉你,他们太柔弱了,子子孙孙一代一代传下来,身子越来越小,现在已经小到咱们的目力没法看清的程度。其实小草的根,大树的皮,都是他们寄居的地方。他们再这样一代小于一代,总有一天会从地球上消失的。

1912年12月25日写毕

新的表

咱们都看见过钟,看见过表。咱们都懂得钟和表在提醒咱们:现在是什么时间了,你应当起床了;现在是什么时间了,你应当干活了;现在是什么时间了,你应当休息了。咱们按照钟表提醒咱们的去做,一切都井井有条,不必匆忙,也不会耽误事儿。

愚儿有一个关于表的故事。他不懂得使用表,耽误了许多事儿。闹出了许多笑话。现在就把他的故事讲给大家听。

愚儿才八九岁。他有个坏毛病,老是什么事儿也不干,不声不响;东边一靠,靠个大半天;西边一站,站个三小时。父亲母亲以为他早就上学去了,后来却看见他不声不响地站在大门口。有时候他在桌子上玩弄唾沫,玩儿得连睡觉都忘了,要母亲催他他才上床。这样的事儿发生了不知多少回了。

他的毛病老改不掉,而且越来越厉害。有一回到学校去,半路上看见鞋店的工人正在扎鞋底,他站在一旁整整看了一天，连吃饭都忘了。父亲母亲不见他回家，派人四处去找，才把他拉了回家。父亲就跟母亲商量说："太不像话了，这样下去，他不但书念不好，将来离开了我们，连饭也想不到吃，岂不要饿死吗？得想个办法才好。最最要紧的是要让他知道什么时间该做什么事儿。你看有什么办法呢？"

母亲说："我有个办法。他有这个坏毛病，根子就在他不懂得时间，不知道什么时间应当做什么事儿。我们教给他懂得了时间，他就知道到了什么时间应当做什么事儿了。让人懂得时间的最好的东西就是钟表，咱们给他买一只表吧。"

父亲听母亲说得很有道理，就买了一只表给愚儿。这是一只非常美丽的表，表壳好像是银的，能照得见面孔；表面是白磁的，画着乌黑的字；两支针有长有短，闪闪发光。样子跟一块圆饼干差不多，愚儿拿在手里，觉得轻巧可爱——虽然不能送到嘴里去吃。

父亲叮嘱愚儿说："你不懂得时间，天天耽误了该做的事儿。现在给你这只表，它可以告诉你现在是什么时间。你应当按照它告诉你的时间做你应该做的事儿。你看，到了这个时间，就应该上学；到了这个时间，就应该回家；到这个时间，应该开始温习功课；到这个时间，应该上床睡觉。你好好记着，就不会再犯过去的老毛病了。"

父亲指给愚儿看的，是表面上写着"6""4""5""9"这几个字的地方。愚儿记住了，牢牢地记在心里。他把表捧在手里，眼睛盯住了表面，看见一支针指在"7"字上，马上背着书包出了门。他一路走一路看着表，还没走到学校，那支针已经指在"9"字上了。他转身就跑，到家里连忙往床上一躺，书包还挂在背上哩。他一只手举着表，仰着脑袋看着，那支针真奇怪，虽然看不出它在移动，却不断地变换位置，像变魔术似的。

那支针又指在"4"字上了，他想父亲叮嘱过，到针指在"4"字上就应该回家。但是他已经在家里了，而且躺在床上了，教他再回到哪里去呢？难道把父亲的话记错了？他翻来覆去地想，想了十遍二十遍，一点儿也没记错，父亲确实是这样说的，针指到"4"字上，就应该回家。一定是这只表在作怪了。他立刻下了床，跑到父亲的工作室里。

父亲见了他很奇怪，问他："你的老毛病还没改好。我已经给了你一只表，教你看着表做事。怎么这时候还在家里？你已经忘了我说的话吗？"

愚儿说："不，不，我没有忘记，这只表在作怪呢！我看针指在这里，马上去学校，这不是你告诉我的吗？还没走到学校，针已经指到这里了，我马上跑回家睡觉，这不也是你告诉我的吗？可是现在，针又指到我应当回家的地方了——而且过了。我现在已经在家里了，教我再回到哪里去呢？要不是这只表作怪，一定是你的话说错了。"

父亲听了哈哈大笑："原来你没弄明白，你要看那支短针指在什么地方，就按照我说的，去做什么事儿。方才你弄错了，看了长针了。去吧，不要再耽误事儿了。"

愚儿点点头，表示他全明白了。他赶到学校，学校还没上课，早操已经过了。老师教训他说："你真个不想长进吗？有的日子你贪懒，索性不来上学。今天来了，又来得这样晚。你从没做过早操，这样不注意锻炼，难道身体不是你自己的吗？"

愚儿想，他今天出来得很早，只因为看错了表，把事儿耽搁了。但是他不敢跟老师说明，怕同学们笑他。他坐在课堂里，时时刻刻看着手里的表，比看课本用心一百倍。那短针越来越靠近"9"字了，最后真到了"9"上。他想这一回准错不了，是睡觉的时间了，赶快回家吧。

愚儿向老师请假，说马上要回家。老师问他为什么，他说要回家去睡觉。老师着急地问："你不舒服吗？身上发冷吗？"他只是摇头。老师生气了："没有什么不舒服，哪里有这时候就回家去睡觉的道理？不准回去！"

愚儿急得哭了，眼泪像雨点一样往下掉。同学们看了都笑起来，有几个轻轻地说："他要回家吃奶了。他的母亲已经解开了衣襟在等他了。"

愚儿听同学这样说，哭得更厉害了。老师以为他发了疯，或者心里有什么别扭的事儿，一定要他说出来。他抹着眼泪，呜呜咽咽地说："父亲给我买了一只表，告诉我说，那支短针指到什么地方，就应当按时做什么事儿。父亲说，短针指在'9'字上，就应当睡觉。现在已经指到'9'字了，所以我要请假回家。我不愿意违背父亲的话。老师要是不信，请您看看我的表。"他拿出表来给老师看，那支短针已经过了"9"字了。

老师听了哈哈大笑，对他说："原来你没有明白，让我来告诉你。那支短针一天要绕两个圈子哩：从半夜到中午绕一圈，从中午到半夜又绕一圈，所以短针在上午和晚上，各有一次指在'9'字上。你父亲说的应当睡觉的时间,是晚上短针指在'9'字上的时间,不是现在。"

"原来还有这样一个道理。"愚儿点点头,表示这一回他都明白了。同学们又大笑一场,下课了,有几个在背后说他傻成这样,哪里配用什么表。他只当作没听见,一个人站在墙角里,偷偷地看着手里的表,生怕又耽误了时间。

这一天下午,短针指在"4"字上,他就赶紧回家;指在"5"字上,他就拿出课本来温习;指在"9"字上,他就对父亲母亲说:"上床的时间到了,我要睡觉了。"

父亲母亲心里十分欢喜,称赞他说:"这一回好了,你的毛病让表给治好了。今后你照表告诉你的时间做事儿,一定能很快上进。现在,你先睡吧。"

愚儿很高兴,躺在床上只是笑。笑呀笑呀,他就睡着了,表还握在他的手心里。

第二天他醒来,窗子上已经阳光耀眼。他想起了手中的表,不知道该不该起床了。还差得很远呢,那支短针正指在"3"字上,还要转过两个字,才指到"6"字上。他就躺在床上等,准备等它转到"6"字才起身。

表又作怪了,短针老指在"3"字上,好像这个

"3"字有什么魔力,把它吸住了。他老看着表,觉得肚子越来越饿。但是短针还没有转到应该下床的时间,他只好等着。他想短针总会转过去的。

母亲不见他起身,来到床前看他,只见他睁大了眼睛,老对着表看。母亲催他:"快起来吧,时间不早了,到学校又晚了。"他却回答说:"不能起来,不能起来。我做什么都得遵守时间。"

母亲听了很奇怪,以为他还在说梦话。可是他眼睛睁得大大的,看着手里的表,明明早就醒了,就对他说:"你要遵守时间,更应当赶快起来,要不,第二堂课你也赶不上了。"

愚儿不回答,仍旧看着手中的表。母亲问了一遍又一遍,他才回答说:"您看,那支短针还没指到'6'字上。要指到'6'字上我才可以起身,这是父亲告诉我的。"

母亲接过表一看,短针真个还指在"3"字上,不由得大笑起来,对愚儿说:

"原来你没弄明白,表的机关停了,要上紧了弦,它再能转。你要是不上弦,就是等上一千年,短针也转不到'6'字上。"

母亲给表上足了弦,把两支针的位置旋准了,把表交给愚儿。愚儿看着表只顾点头,表示这一回他真个明白了。他赶紧下了床,收拾停当了,跑到学校里。这时候,第一堂课已经上了一半了。

从此以后,愚儿真个全都明白了。他能自己给表上弦,自己校正快慢,对准时间。他能够按着表告诉他的时间,做完这件事儿又做那件事儿,什么都井井有条了。

1921年12月27日写毕

大嗓门

一处地方,有许多家工厂。工厂的屋顶上都竖起几个烟囱,又浓又黑的烟从烟囱里冒出来,好像魔鬼的头发,越拖越长,越长越乱。有时候,这一个魔鬼的头发和那一个魔鬼的头发纠缠在一起,解也解不开了。街上的孩子都喊道:"你们看,魔鬼打架了。"好容易来了一个和事老,含着一口和平的气轻轻地对它们吹,它们的头发才慢慢地解开。

工厂还有一支气笛,家家都有。他的职司是专门张着嘴喊,十里以内都能听见,所以大家管他叫"大嗓门"。早上天还没有亮,他尽他的职,呜呜地叫唤起来。许多男的女的老的少的听见了,就三脚两步赶到工厂里去。晚上天黑以后,他又尽他的职,又呜呜地叫喊。许多男的女的老的少的,才从工厂里出来,没精打采地走回家去。大家都说:"大嗓门一叫唤,咱们就不能不听从呀。他一叫唤,咱们不能不赶快跑到工厂里去;等到他再叫唤,咱们才可以回家。要是他不叫唤,咱们休想随便出进，工厂的大门关着，怎么进得去呢？怎么出得来呢？"

一个婴儿，他身子贴在母亲怀里，小嘴衔着母亲的奶头。他睡在床上，多么温暖，多么舒服。吸着甜蜜的奶汁，他睡得很甜蜜。"呜呜呜……"大嗓门在叫唤了。婴儿嘴里的乳头不见了。他伸出小手到处摸，越来越冷，于是哭起来了。哭到太阳来探望他的时候，他四处寻找，哪里有母亲的影子呢。

这样的事儿，婴儿天天遇到。他留心查察，母亲的奶头到底什么时候逃走的。他查察出来了，只听得大嗓门呜呜地一声叫唤，母亲的奶头就逃走了。他想："大嗓门要是不叫唤，母亲的奶头一定不会逃走了。得跟大嗓门去商量，请他不要再叫唤，那就好了。"想停当了，他就去找大嗓门。

一个女郎，她跟一个少年很要好，每天夜里睡在一起，他们互相拥抱着，心里充满了快乐。"呜呜呜……"大嗓门在叫唤了，女郎身边的少年不见了。这时候还四面漆黑，她两只手满床乱摸，哪儿有她心爱的少年呢？她觉得非常寂寞，呜呜咽咽地哭了。哭到起早的鸟儿唱着歌儿来安慰她的时候，她找遍了屋里，又找遍了田野和山林,哪里有少年的影子呢?

这样的事儿,女郎天天遇到。她留心查察,少年到底什么时候失去的。她查察出来了,只听得大嗓门呜呜地一声叫唤,怀里的少年又溜掉了。她想:"大嗓门要是不叫喊,少年一定不会失去的。得跟大嗓门去商量,请他不要再叫唤,那就好了。"想停当了,她就去找大嗓门。

还有一个眼睛瞎了的老婆婆,她跟她老伴睡在一起。年纪大了,夜里常常要醒,她就跟老伴聊天,不觉得冷清。老伴讲外边的景致给她听,什么地方的树绿了,什么地方的花开了。她好像眼睛没瞎一个样,什么都能看见。"呜呜呜……"大嗓门在叫唤了。老伴的声音忽然听不见了。她以为老伴睡着了,提高了嗓门喊,叫他醒一醒。可是哪里有回音呢?她很害怕,觉得夜特别长。瞎了的眼睛虽然没有多少眼泪,也一滴一滴流个不停。追赶麻雀的孩子们闯进屋里来了,她才停住了哭,请孩子们帮她找一找,她的老伴躲在哪里。孩子们连地板缝都找遍了,哪里有她的老伴呢?

这样的事儿,老婆婆天天遇到。她留心查察,老伴到底是什么时候溜走的。她查察出来了,只听得大嗓门呜呜地一声叫唤,老伴就急急忙忙溜走了。老婆婆察觉出来了，只听得大嗓门呜呜的一声叫唤，老伴就急急忙忙溜走了。老婆婆想："大嗓门要是不叫唤，老伴一定不会溜走的。得跟大嗓门去商量，请他不要叫唤，那就好了。"想停当了，她就去找大嗓门。

婴儿、女郎和老婆婆走在一条路上。他们都说是去找大嗓门的，就手拉着手，结伴同行，一边走一边说话。

婴儿说："我不敢睡熟，只怕母亲的奶头逃走，紧紧地含住不放，但是办不到。想来大嗓门一定有什么糖呀花生呀在逗引我的母亲。要不，为什么他一叫唤母亲就走了呢？他把我的母亲叫走了，我可苦了。我得跟他商量去。"

女郎说："我那少年爱着我呢，他无时无刻不想我。他说只有我在他身边，他才能好好地休息。为什么不能让他跟我在一起多休息一会儿呢？大嗓门一叫唤，他就掉了魂似的，急急忙忙走了。想来大嗓门一定有什么魔法，要不我那少年怎么肯离开我呢？我也得跟大嗓门商量去。"

瞎了眼睛的老婆婆说："我睡不着，我的老伴也睡不着。两个人谈谈说说，夜就过得快一点儿。可是他老说到半中间就匆匆忙忙溜走了。等我唤他,他已经跑出好几里路去了。想来大嗓门有老酒请他去喝吧。要不,他怎么肯扔下我走呢?我眼睛瞎了,一个人耽在家里很害怕。我得跟大嗓门商量去。"

三个人一边走一边说,不知不觉来到大嗓门脚下。大嗓门站得很高很高,差不多跟烟囱一样高,张开了大嘴向着天,等时刻一到他就叫唤,他非常尽责。

婴儿抬头一看,先就胆小了,这样高,怎么能上去跟他说话呢?瞎了眼睛的老婆婆只是叫苦,她从来没练过跳高。幸亏姑娘的身子又轻又灵活,她一手抱起婴儿,一手拉着老婆婆,像云一样飘了起来。一点儿不费事,三个人一同来到大嗓门跟前。

三个人把自己的心愿都说给大嗓门听了,最后一同说:"请您从此闭嘴吧,不要再呜呜呜地叫唤了。我们不愿意失掉我们离不开的人。"

大嗓门听了他们的话,觉得他们真是可怜。他笑着说:"我的嘴一直是张着的,不能听了你们的要求,就闭拢来。我先前不知道我一叫唤,就把你们害苦了。听了你们的话,我以后不愿意再尽我的职司了,我不叫唤了,你们放心回去吧。"

三个人听大嗓门这样说,都高兴极了,反而觉得不大可信,一同问:"您说的是真的吗?"

"哪能骗你们,"大嗓门说,"以后每天天大亮了,母亲的奶头还在你小弟弟的嘴里,少年还在你姑娘的怀里,老伴还在你老太太的身边。放心回去吧,我的小弟弟,我的好姑娘,我的老太太。"

婴儿跟大嗓门亲了个嘴,女郎绕着大嗓门跳了一会舞,老婆婆跟大嗓门握了握手。他们十分感谢大嗓门,高高兴兴回去了。他们一路走一路唱:

我要喝甜蜜的奶汁,
睡在母亲的怀里。
我要永远这样,
现在有希望了。

我要每天夜晚抱着少年,
让他在我的怀里休息。
我要永远这样,
现在有希望了。

我要老伴伴着我,

在无论什么时候。
我要永远这样,
现在有希望了。

天亮了,太阳照着大嗓门的张大的嘴,大嗓门默默地不作一声。走过的人们对他说:"你失职了。你还没有叫唤呢,赶快叫唤吧!"

大嗓门张开大嘴向着天,不理睬他们。那魔鬼的头发被剪断了,烟囱里不再冒出烟来,它们不能再玩儿打架的把戏了。

婴儿含着母亲的乳头,靠在母亲的怀里,睡得很香甜,小脸儿上全是笑意。

女郎抱着她心爱的少年,一声不响,让他得到充分的休息。

瞎眼睛的老婆婆睡在她老伴身边,两个人有说有笑,像新娘子新郎官一样快乐。

大嗓门真个从此不叫唤了。

1921年12月30日写毕
(原题为《大喉咙》)

芳儿的梦

　　芳儿看姊姊采了许多许多凤仙花，白的，红的，绯色的，撒锦的，用细线把花扎起来，扎成了一个又大又圆的球。姊姊把大花球挂在窗前，看着它只是笑。大花球摇摇晃晃，花瓣儿微微抖动，好像害羞似的。芳儿想：这个花球跟学生们踢的皮球差不多大，挂在窗前干什么呢？凤仙的枝上要是能开这样大的花球就好了，我就可以把它当皮球踢了。姊姊只是看着它笑，难道花球会飞到天上去吗？

　　芳儿正想着出神，姊姊问他说："明天妈妈生日，你送什么东西给她做礼物呢？你看我这花球多么好！花是我种的，也是我采的。我把它扎成了这样一个花球。妈妈看了，一定说我能干，说我爱她。"

　　芳儿想："姊姊有礼物，我自然也要送给妈妈一件礼物。我的礼物一定要比她的好。送一只小猎狗吧？不行，小猎狗是妈妈给我的，怎么能送还给妈妈呢？送积木吧？不行，积木是舅舅给的，还是妈妈给带回来的呢，怎么能送给妈妈呢？送一朵大理花吧？也不行！姊姊送了凤仙花球，我也送花，不是跟姊姊的礼物相重了吗？"

芳儿心里不自在起来。他不看姊姊扎的花球了，低着头坐在小椅子上默默地想。他想到树林里的香草，山坡上的小石子儿，溪边的翠鸟，小河里的金鱼；他想到家里所有的一切东西，街上所有的一切东西，野外所有的一切东西，想来想去都不合适，都不配送给妈妈做生日的礼物。他要找一件非常稀罕的，独一无二的东西，拿来送给妈妈。这样才能让妈妈得到连做梦也想不到的欢喜，才能表达对妈妈的比海还深的爱。

但是这件东西在哪里呢？

月亮升起来得真早啊，她躲在屋角后边偷偷地瞧着芳儿呢。院子的一个角落亮起来了，缠绕在篱笆上的茑萝也发出光彩了。白天看那茑萝，就像姊姊的新衣裳似的，嫩绿的底子绣上了许多小红花；现在颜色变了，都涂上了一层银色的光。

芳儿感觉到月亮在偷看他，不由得抬起头来。他说："月亮姊姊，你来得好早。我要送一件东西给妈妈，做她生日的礼物。这件东西要非常美丽，非常难得，要让妈妈能得到连做梦也想不到的欢喜，要能表达我对妈妈的比海还深的爱。聪明的月亮姊姊，你一定知道这是一件什么东西，请告诉我吧！"

月亮只是对着芳儿微笑。她越走越近了，全身射出活泼的光。

月亮身边浮着些儿淡淡的微云，他们穿着又轻又白的衣裳，飘呀飘呀，好像跳舞的女郎。他们怕月亮寂寞，所以陪着她；他们怕月亮力乏，所以托着她。

芳儿把他的心事告诉给云，恳求他们说："云哥哥，你们伴着月亮出来玩儿吗？我要送一件东西给妈妈，做她生日的礼物。这件东西要非常美丽，非常难得，要让妈妈能得到连做梦也想不到的欢喜，要能表达我对妈妈的比海还深的爱。聪明的云哥哥，你们一定知道这是一件什么东西，请告诉我吧！"

云哥哥们只是拥着月亮姊姊，在深蓝色的天幕上一边跳舞，一边前进。

芳儿想，他们玩儿得太高兴了，高兴得没听到他在说话。他就把小椅子搬到了院子里，索性坐下来看他们跳舞。起先，月亮姊姊跳的是节奏很快的小步舞，云哥哥们紧紧地追随着，又轻又白的衣裳都飘了起来，更加好看了。后来，月亮姊姊好像疲倦了，在中天站住了。

云哥哥们围绕着她，缓慢地兜着圈子，衣裳渐渐垂下来了。

芳儿趁这个时候，把他的心事又说了一遍，恳求月亮姊姊和云哥哥们给他指点。他留心看天上，月亮姊姊和云哥哥们真个听见了他的话了。月亮姊姊堆着笑脸，看着身边；云哥哥们从宽大的白衣袖里伸出手来，指着身边。他们身边有无数灿烂的星星，原来他们指的就是星星。

芳儿快活极了，他明白了："这才是最美妙的礼物呢！月亮姊姊和云哥哥们真聪明呀！姊姊送给妈妈一个花球，我送给妈妈一个星星串成的项链。明天，我要把星星项链亲手挂在妈妈的脖子上，让无数耀眼的光从妈妈身上射出来，不是非常美丽吗？人家的妈妈戴珍珠串成的项链，戴宝石串成的项链，都是人间有的东西。我送给妈妈的，却是一个星星串成的项链，不是非常稀罕吗？我把这样的一个项链挂在妈妈的脖子上，妈妈自然欢喜得连做梦也想不到。别人当然想不到送这样的礼物，只有我送这样的礼物，因为我爱妈妈爱得比海还深。"

芳儿谢谢月亮姊姊，谢谢云哥哥们，对他们说："祝愿你们永远美丽，永远快乐，永远笑，永远跳舞，永远帮助我，告诉我我所想不到的一切事儿。"

这时候，芳儿的姊姊也到院子里来乘凉了。她端一张藤椅，坐在芳儿旁边，脸上还带着笑。她正在想，凤仙花球多么美丽，妈妈见了会怎样欢喜。

芳儿拿姊姊的手轻轻地贴在自己的脸上，看着姊姊说："我已经想到了送给妈妈的礼物。好极了，比你的凤仙花球好几百倍。我现在不告诉你。"

"什么好东西？好弟弟，快说给我听吧。"

"我不说，明天你看就是了。这个东西近在眼前，远在天边，没有什么比它更美丽的了，谁都不曾有过。"

芳儿不说，姊姊只好猜。她猜了许许多多东西，香草，小石子儿，翠鸟，金鱼，家里所有的一切东西，街上所有的一切东西，野外所有的一切东西，她都猜遍了。芳儿只是笑，只是摇头。姊姊急了，双手合十，央求他说："拜拜你，好弟弟，你告诉了我吧。我一定不告诉别人。夜晚睡了，我连枕头也不告诉。好弟弟，快说吧！"

芳儿说："你一定要我说，得先依我一件事儿。咱们俩先跳一会儿绳。跳过绳，我再告诉你。"

姊姊就和芳儿一同跳起绳来。月亮从头顶上射下来，院子里一片银光，他们俩全身浴在银光里，两个短短的影子在地上舞动，姊姊的头发飘了起来，影子更加好看了。他们先把绳子向前摔，再把绳子向后摔，最后俩人并排一起跳。四只小小的脚像燕子点水似的，刚着地又离开了地面。绳子在脚底下一闪而过，几乎分辨不清。他们俩好像被包在一个透明的大圆球里。

姊姊喘息了，芳儿也满脸是汗，他们才停了下来。芳儿坐在小椅子上用手擦脸上的汗。姊姊催他说："我依了你了，现在你好说了，究竟是什么东西？"

芳儿凑在姊姊的耳边说："我的礼物是星星串成的项链。"

芳儿睡在雪白的罗帐里，睡得很熟，脸上好像在笑，呼吸很均匀。他应当有一个可爱的梦。

他起来了，是月亮姊姊催他起来的。月亮姊姊穿了一身淡蓝色的衣裳，笑的时候露出银色的牙齿。芳儿觉得她可爱极了，就投到了她的怀里。月亮姊姊拍拍他的背，对他说："你忘记了要送给妈妈的礼物了吗？跟着我去吧，我带你去取。"

芳儿非常感激月亮姊姊，催她快点儿动身。月亮姊姊牵着芳儿的手，一同轻轻地飘起来了。虽然离开了地面在空中迈步，芳儿觉得两只脚仍旧像踏在地面上似的。向下边望，地面上的一切都睡着了，盖着一条无边无际的银被。再看月亮姊姊，她那淡蓝色的衣裳被风吹得飘了起来，真是一位仙女。

芳儿的步子越迈越快，好像不费一点儿力气。星星就在他身边了，一颗颗都像荔枝那么大，光亮耀得他眼睛都花了。他已经来到星星的群中，前后左右都是星星；他好像走进了一座结满果子的树林，只要一伸手，就可以摘到；再看看自己，自己被星星照得通身透亮。他快乐极了，就动手摘起星星来。

星星轻得几乎没有分量，摘起来挺容易，他一连摘了几百颗，用衣裳兜着，快要兜满了。月亮姊姊送给他一条美丽的丝绳，还帮他把一颗颗星星贯串起来，串成项链。

这样美丽的项链，世界上从来没有过，现在却在芳儿手里。他要把这样一条项链送给妈妈，作为妈妈生日的礼物。

芳儿心里想的，就是要让妈妈得到连做梦也想不到的欢喜，就是要表达他对妈妈的比海还深的爱。他捧着星星项链，飞奔回家，刚跨进门，他就大声喊："妈妈！妈妈！您在哪里。我送给您一件礼物，最最美丽的礼物，最最稀罕的礼物。"

　　妈妈跑出来，把芳儿抱在怀里。芳儿举起双臂，把星星项链挂在妈妈的脖子上。无法形容的透亮的光，从妈妈身上射出来，妈妈就成了一位仙女了。芳儿自己不也成了个小仙人了吗？看着妈妈脸上的慈祥的笑，芳儿快活得手舞足蹈起来。

　　芳儿的手和腿一动，他的梦就醒了。妈妈正伏在他的枕头旁边，脸上的慈祥的笑，正跟芳儿在梦中看到的一个模样。

1921年12月26日写毕

富 翁

有一处地方,孩子还睡在摇篮里,长辈就要教训他们说:"孩子,你们要克勤克俭过日子,专心一意想法子弄到钱。钱越多越好,装满你的钱袋,装满你的箱子,装满你的仓库,你就成为富翁了。世界上最尊贵的是富翁,他们有一切的权力。世界上最舒泰的也是富翁,他们什么事都不必做,需要什么,花钱去买就是了。孩子,你开头要勤俭,待你成了富翁,你就有福了!"凡是拿这一番话来教训孩子的,大家一致称赞,说是好长辈。

孩子们从开始啼哭开始吃奶的时候起就接受这样的教训,所以他们都信奉这样的教训,遵照教训实行非常坚决,也非常顺当,就跟饿了一定要吃饭渴了一定要喝水一样儿。所以在那个地方,富翁就非常之多。那些富翁回想起长辈的教训,觉得实在有道理,眼前的事实证明,一切权力都掌握在他们手里了:他们要又高又大的房子,自然有人来给他们造;他们想到哪儿去,自然有人抬着轿子拉着车子把他们送去。他们什么事都不用做，只要花几个钱，想吃什么就吃什么，想穿什么就穿什么，想怎样玩儿就怎样玩儿。他们尊贵到极点，舒泰到极点，一天到晚嘻嘻哈哈，过着幸福的生活。他们聚集在一起，互相称作同伴。他们笑脸对着笑脸，笑口对着笑口，今天跳舞，明天聚餐，快乐得如痴如醉，时常齐声高唱快乐的歌：

哈哈哈，咱们都有钱！
哈哈哈，快活如神仙！
有钱什么不用干，
逍遥自在多清闲。
有钱什么都能买，
极乐世界在眼前。
咱们是富翁，咱们都有钱！
哈哈哈，咱们快活如神仙！

富翁什么事儿也不用干，他们要吃什么穿什么用什么，只要拿出钱去就成。生产那一切东西，自然都由还没有成为富翁的人担任。那些还没有成为富翁的人整天辛辛苦苦工作，他们望着富翁，羡慕得不得了。他们想:"富翁的确尊贵,的确舒泰,我还得加倍努力,尽快赶上他们的地位!"他们躺在摇篮里的时候,长辈就是这样教训他们的。所以他们认为,富翁过的就是好日子,只有成了富翁,他们才能过上好日子。

有一天,一个石匠为了给富翁造房子,到山里去开石头,忽然发现了一个非常之大的宝库,有几百亩宽,几百丈深,全是黄澄澄的金子。他快活极了,心想这样的好运道竟让他给碰上了,谁能料到成为富翁就在今天!他赶紧跑回去,召唤全家老幼,力气大的挑箩筐,力气小的提篮子,一同到山里去采掘金子。从清早直忙到天黑,全家老小都累坏了,算一算挖到的金子,已经超过了最富的富翁。石匠心里想:"现在我是最富的富翁了。尊贵的舒泰的生活,从明天就要开始。明天我就不用做工了,好不快活!"

第二天,石匠不再去采掘金子,因为他已经成了第一富翁了。消息传到别人的耳朵里,谁不知道这是成为富翁的最便当的方法。于是大家都放下自己的工作,全都扶老携幼到山里去采掘金子。大家顾不得疲乏,直到挖到的金子超过了第一富翁才肯停手。大家都藏足了金子,都自以为是"第一富翁",可是矿里的金子还只减少了十分之二三。

才几天工夫，那个地方的人都成了富翁。富翁照例用不着做工，这是何等幸福呀！可是从来没有见过的奇怪的事儿发生了。那些新成为富翁的人想：自己既然成了富翁，不可不买几身华丽的衣服，把自己打扮成富翁的样子。他们就带着满口袋的金子去服装铺买衣服。那些衣服是多么讲究呀，从前只能站在玻璃窗外边向里面看一两眼，如今可要迈着大步踱进去，随心所欲地挑选几身中意的绸袍缎褂，好不威风。他们越想越得意，谁知道走到服装铺门口，服装铺歇业了，不再出卖衣服了。原来服装铺的老板也挖到了不少金子，新近成了富翁。他一家老小都穿上了本来预备出卖的华丽衣服，正打算唤来一班轿夫，全家人坐了轿子，去剧场看戏呢。

　　成了富翁，买不着富翁穿的衣服，大家心里都很失望；一连走了几家服装铺，情形都一样，老板都成了富翁，不愿意再做生意了。富翁们想，服装铺全歇业了，买现成衣服是没有希望了，不如到纺织厂去，剪些称心如意的好料子，让裁缝连夜给做。他们就一同奔向纺织厂。谁知道纺织厂门前静悄悄的，看门的人不知道哪里去了，往日轰隆轰隆的机器声也听不见了。高大的烟囱，向来一口一口地喷出浓烟，把天空都染黑了；现在却可以望见明净的天空，烟囱口上还歇着无数麻雀。他们买不着料子,只好去找裁缝商量,请他帮忙想办法,只要弄得到华丽的衣服,不论要多少金子,他们都愿意出。裁缝笑着说:"我跟你们一样,正想弄几身新衣服穿呢。至于金子,谁还稀罕它!我也成了富翁了,我的钱袋里箱子里仓库里,金子都装得满满的了。"

到这个时候他们才相信,华丽的衣服是穿不成了。成了富翁,不能打扮得像个富翁,心里当然不痛快。可是满钱袋满箱子满仓库都是黄澄澄的金子,看着也可爱,他们都安慰自己说:"新衣服虽然穿不成,可是咱们有这么多金子,究竟都成为富翁了。"

他们完全没有料到,更加严重的恐慌跟着来到,使所有的富翁不但再也笑不出来,连哭也没有力气哭了。他们家里积蓄的粮食不久就吃完了,照过去的惯例,只要带着一口袋钱到粮食店去买就是了。谁知道竟然有这样意想不到的事儿,粮食店的老板正带着金子,也要到别处去购买粮食,因为他家的粮食也吃完了。大家说:"咱们一块儿走吧。"可是走了好几家粮食店,情形都一样。结伴同行的越来越多,他们带着很重的金子,走到东又走到西,大家喘着气,浑身冒汗,衣服湿透了,还没找到一家开业的粮食店。

忽然有个富翁说:"只有去找农夫!"大家听了好

像大梦初醒,齐声喊起来:"是呀,去找农夫!粮食是农夫种出来的,咱们去找农夫,才真正找到了根本上,一定可以买到粮食了。咱们去吧!咱们快去吧!"大家喊着,两条腿都使劲奔跑,因为他们都相信,找到了农夫,粮食就到手了。

他们跑到乡间,找着了农夫,就对他说:"好农夫,我们要买粮食。不论多少金子,我们都愿意给,只要你说出个数目来。"

农夫笑了笑,摇摇头说:"我跟你们一样,正要找农夫买粮食呢。我如今不是农夫了,不种粮食了。我也是富翁,我有的是金子!"

农夫说完,就跟着大家一同走。要买粮食的人越聚越多,他们来来回回好几趟,仔仔细细地找,即使一根绣花针也该找到了,却找不到一个出卖粮食的农夫。

大家相信粮食是没有希望的了,不如去找点儿杂粮吧,肚子饿可不是耍的。他们就四散地向田间奔去。在田亩间,直立的是玉蜀黍秆,贴着地面蔓生的是甘薯,栽种得没有一点儿空隙。可是农夫都成了富翁,他们有的是金子,都预备过尊贵的舒泰的生活,已经有好些天没去浇水锄草除虫了,那些杂粮枯的枯,烂的烂,蛀的蛀,再也找不到一点儿新鲜的可以充饥的东西了。大家这才真的着急了,泪珠像雨一般地往下掉。然而摸着口袋里又硬又凉又光滑的金子,他们忍住眼泪,勉强笑了笑,互相安慰说:"虽然找不到粮食,虽然肚子饿得难受,但是咱们有的是金子,咱们到底都成了富翁了。"

所有的富翁都饿得不成样子了。他们头枕着装满金子的口袋,手里拿着小块的金子想送进嘴里去啃,可是他们全身一点劲儿也没有,再也不能动弹了。他们的喉咙里却还能发出又轻又细的蚊子般的声音,他们还在念诵自幼听惯的长辈的教训:"待你成了富翁,你就有福了!"

1921年1月9日写毕

快乐的人

世界上有快乐的人吗？谁是最快乐的人？

世界上有快乐的人的，他就是最快乐的人。现在告诉你们他的故事。

他很奇怪，讲出来或者不能使你们相信，但是他确实这样奇怪。他周身包围着一层极薄的幕，这是天生的，没有谁给他围上，他自己也不曾围上。这层幕很不容易说明白。假若说像玻璃，透明得跟没有东西一样倒是像了，但是这层幕没有玻璃那么厚。假若说像蛋壳，把他裹得严严的倒是像了，但是蛋壳并不透明。总之，这层幕轻到没有重量，薄到没有质地，密到没有空隙，明到没有障蔽。他被这么一件东西包围着，但是他自己不知道被这么一件东西包围着。

他在这层幕里过他的生活，觉得事事快乐，时时快乐。他隔着这层幕看环绕他的一切，又觉得处处快乐，样样快乐。

有一天，他坐在家里，忽然来了两个客人。这两个客人原来是两个骗子。他们打算弄些钱去喝酒取乐,就扮做募捐的样子,一直跑到他家里。因为他们知道,他自身围着一层幕,看不出他们的破绽。

两个客人开口向他募捐。他们的声音十分慈善,他们的话语十分恳切。他们说:受到旱灾的同胞饿得只剩薄皮包着骨头;受到水灾的同胞全身黄肿,到处都渗出水来;受到兵灾的同胞提着快要折断的手臂在哀哭,抱着快要死去的孩子在狂叫。他们说救济苦难的同胞是大家应当做的事,所以愿意尽一点微力,出来到处捐募。

他听了两个客人的话,心里十分感动:受灾的同胞这样悲惨,这样痛苦,他觉得可怜;两位客人这样热心救人,他又很敬佩。他从口袋里取出一大块黄金交到客人的手里。两个客人诚恳地道了谢,就告别了。出了大门,两个人互相看看,脸上现出狡狯的笑容,一同去喝酒取乐了。

他捐了一大块黄金,觉得非常快乐。他闭着眼睛想:"这两位客人拿了我的黄金,飞一般地跑到受灾的同胞那边,把黄金分给他们。饿瘦了的立刻有得吃了,个个变得丰满而强健;浸肿了的立刻得到医治,个个变得活泼而精壮;快要折断的手臂接上了;快要死去的孩子救活了。这多么快活!"他又想:"我能得到这样的快活,都靠这两位客人。我会遇到这样好的客人,又多么快活!"他快活极了,对着镜子里的自己只是笑。

他的妻子在里屋,知道他又给骗子骗去了一大块黄金。她一直不满意他这样做,很想阻止他,但是看着他堆满了笑意的脸,不知为什么又没有勇气直说了,只在心里实在气不过的时候,冷讽热嘲地说他几句。他听妻子的话全然辨不出真味,因为他周身围着一层幕。

一大块的黄金无缘无故到了骗子的手里,他的妻子的心里该有多么难过。她想这一回一定要重重实实地骂他一顿,教训他以后不要再上骗子的当。她满脸怒容,从里屋赶出来。但是一看见他堆满笑意的脸,她的怒气就发不出来了,骂他的话也在喉咙口哽住了。她只得脸上露出冷笑,用奚落的口气说:"你做的天大的善事,人家一开口,大块的黄金就从口袋里摸出来。你真是世间唯一的好人!这样好事,以后尽可以多做些!做得越多,就见得你这个人越好!"

他看着妻子的笑脸,这么美丽,这么真诚,已经快乐得没法说了;又听她的话语这么恳切,这么富有同情,更快乐得如醉如痴,不知怎么才好。他的嘴笑得合不拢来,肥胖的脸上都起了皱纹;一连串笑声像是老鹳夜鸣。他好容易忍住了笑,说道:"我遇见的人没有一个不是好人,尤其是你,好到使我想不出适当的话来称赞，更觉得含有深浓无比的快活。我当然依你的话，以后要尽量多做好事。"他说着，带了几块更大的金子，向外面走去。

前面是一片田野，矮墩墩绿油油的，尽栽些桑树。他远远望去，看见有好些人在桑林中行动。原来这时候正是初夏天气，蚕快要做茧了，急等着桑叶吃。养蚕的人昼夜不停地采了桑叶去喂蚕。桑林不是那些人自己的，他们得给桑林的主人付了钱，才能动手采。他们又没有钱，只好把破棉衣当了，把缺了腿的桌子凳子卖了，凑成一笔钱来付给桑林的主人。所以每一片桑叶都染着钱的臭气。这种臭气弥漫在田野间，淹没了花的香气，泥土的甘芳。养蚕的人好几夜没有睡了，疲倦的脸上泛着灰色，眼睛布满了红丝。他们几乎要病倒了，还勉强支撑着，两手不停地摘采，不敢懈怠。这样困倦的人在桑林中行动，减损了阳光的明亮，草树的葱绿。

他走近桑林，一点也觉察不到采桑的人的困倦，也嗅不出遍布在桑林里的钱的臭气，因为他周身围着一层幕，虽然这幕是透明无质的。他只觉得满心的快乐。他想："这景象多么悦目，多么叫人心醉呵！那些人真幸福！采桑喂蚕，正是太古时候的淳朴的生活。他们就过着这种淳朴的生活呢。"他一边想,一边停了脚步,看他们把一条一条的桑枝剪下来,盛满一筐,又换过一个空筐子。不可遏止的诗情像泉水一般涌出来了,他的诗道:

满野的绿云,满野的绿云,
人在绿云中行。
采了绿云喂蚕儿,喂蚕儿,
蚕儿吐丝鲜又新。

髻儿蓬松的姑娘们,姑娘们,
可不是脚踏绿云的仙人!
身躯健壮的,胳膊健壮的,
可不是太古时代的快活人!

他得意极了,反复吟唱自己的新诗,似乎鸟儿也和着他吟唱,泉水也跟着他赞美。若有人问:"快乐的天地在哪里?"他一定会跳跃着回答:"我们的天地就是快乐的天地。因为在这天地间,没有一个人、一块石头、一根草、一片叶子不快乐。"

他走过田野,来到都市里。最使他触目的,是一座五层楼房。机器的声响从里面传出来，雄壮而有韵律。原来这是一所纺纱厂，在里面工作的全是妇女。做妻子的，因为丈夫的力气已经用尽，还养不活一家老小；做女儿的，因为父亲找不到职业，一家人无法生活：她们只好进这个纺纱厂来做工。早上天还没亮，她们赶忙跑进厂去；傍晚太阳早回家了，她们才回家。她们中午吃的，是带进去的冷粥和硬烧饼。她们没有工夫梳头，没有工夫换衣服，没有工夫伸伸腰打个呵欠，就是生下了孩子，也没有工夫喂奶。她们聚集在一处工作，发出一种浓厚的混污的气息，凝成一种惨淡的颓丧的景象。这种气息，这种景象，充塞在厂房以内，笼罩在厂房之外，这座五层楼房，就仿佛埋在泥沙里，阴沟里。

他走进厂房，一点也觉察不到四周的混污和颓丧，因为他周身围着一层幕，虽然这幕是透明无质的。他只觉得眼前的一切都有趣味。他想："这机器的发明真是人类的第一快乐的事呵！试看机器的工作，多么迅速，多么精巧！那些妇女也十分幸福，她们只做那最轻松的工作，管理机器。"他看着机器在转动，女工在工作，雪白的细纱不断地纺出来，诗情又潮水一般升起来了，他的诗道：

人的聪明,只要听机器的声音,
人的聪明,只要看机器在运行。
机器给我们东西,好的东西。
我们领受它的厚礼。

我赞美工作的女人,
洁白的棉纱围在周身,
虽然用的力量这么轻微,
人间已感激她们的力量的厚意。

他兴奋极了,反复吟唱自己的新诗,似乎机器也和着吟唱,女工们都点头赞叹。若有人问:"快乐的天地在哪里?"他必然会跳跃着回答:"这里也就是一个快乐的天地。因为在这里,没有一个人、一块铁、一缕纱、一条带不快乐。"

他走出纺纱厂,一大群人迎了上来,欢呼的声音像潮水一般,而且一齐向他行礼。这些人探知他带着很多的大块的黄金,想骗到手,大家分了买鸦片烟吸。他是不会知道底细的,他周身围着一层幕呢!

这些人中的一个代表温和地笑着,向他说:"天地是快乐的,人是快乐的,先生是这么相信,我们也这么相信。我们想,咱们在快乐的天地间,做快乐的人,真是最快乐不过的事。这可不能没有个纪念。我们打算造个快乐纪念塔,想来先生一定是赞成的。"

"赞成!赞成!"他高兴地喊着,就把带来的大块的黄金都交给了他们。他们欢呼了一阵,就走了,后来把黄金分了,大家买了鸦片烟拼命地吸。他呢,欢欢喜喜地回到家里,只是设想那快乐纪念塔怎么精美,怎么雄伟;落成的那一天怎么热闹,怎么快乐。这天夜里,他的妻子听见他在梦中发狂般地欢呼。

以上说的,是他一天的经历。他的快乐生活都是这么过的。

有一天,大家传说他死了,害的什么病,都不大清楚。后来有人说:"他并不是害病死的。有一个恶神在地面游行,要使地面上没有一个快乐的人,忽然查出了他,就把他的透明无质的幕轻轻地刺破了。"

1922年5月24日写毕

祥哥的胡琴

一条碧清的小溪边，有一所又小又破的屋子。墙壁早就穿了许多窟窿，风和太阳光月亮光可以从这些窟窿自由出进。柱子好像酥糖一样又粗又松，因为早有蛀虫在那里居住。铺在屋面上的稻草早成了灰白色，从各方吹来的风和从云端里落下来的雨，把原先的金黄色都洗掉了。屋子的倒影映在小溪里，快乐的鱼儿都可以看见。月明之夜，屋子的影子站在小溪边上，半夜醒来的小鸟儿都可以看见。

这所又小又破的屋子里，住着祥儿和他的母亲。祥儿的父亲临死的时候，什么事儿也没嘱咐，只指着挂在墙上的胡琴断断续续地说："阿祥，我没有什么可以传给你，只有这把胡琴。你收下吧！"祥儿不懂他父亲说这话是什么意思，他的母亲却伤心得哭不出声音来了。就在这时候，他的父亲咽气了。

这把胡琴是祥儿的父亲时常拉着玩儿的。本来青色的竹干，因为手经常把握，变得红润了；涂松香的地方经常被弓磨擦，成了很深的沟；绷着的蛇皮也褪了色。繁星满天的夏天的夜晚，清风吹来的秋天的夜晚，他父亲就拿这把胡琴拉几支曲子。在种田累了的时候，在割草乏了的时候，他父亲也要拿这把胡琴拉几支曲子，正像别的农人在休息的时候一定要吸几筒旱烟一个样。就是极冷的冬天，白雪像棉絮一般盖在屋面上，鸟儿们紧紧地挤成一团，也可以听见从屋子里传出来的胡琴的声音。

父亲的棺材被抬出去了，胡琴还挂在墙上。风从墙壁的窟窿吹进来，只见胡琴在轻轻地左右摇摆。阳光和月光射进来，胡琴的影子映在墙上，像一把舀水的勺子。祥儿看着觉得很有趣，胡琴好像充满了神秘的味道。

母亲织了一会儿草席，指着墙上的胡琴说："阿祥，爸爸把这东西传给了你，你要像爸爸一样会拉，我才喜欢呢！"祥儿不大明白母亲的话，只是对着墙上的胡琴发呆。吃饭的时候，母亲又指着墙上的胡琴说："阿祥，爸爸把这东西传给了你，你要像爸爸一样会拉，我才喜欢呢！"祥儿还是对着胡琴发呆。早上，祥儿在母亲的怀里醒来，母亲又教训他说："阿祥，爸爸把墙上那东西传给了你，你要像爸爸一样会拉，我才喜欢呢！"

直到祥儿满了四岁，母亲从墙上取下胡琴来，交在他手里。母亲说："现在你可以拉这个东西了。我希望听到你拉出好听的调子来，跟你爸爸拉的一个样。"

祥儿双手握着胡琴。这是天天见面的老朋友，可是怎么拉法，他一点儿不懂。他移动了一下胡琴的弓，胡琴发出锯木头一般的声音。他把弓来回地拉，跟木匠师傅锯木头一个样。母亲看着他，脸上现出笑容，她称赞说："我的儿子真聪明！"

拉动胡琴上的弓，成了祥儿每天的功课。他不但在家做这功课，走到小溪边，走到街道上，也一样做他的功课。打鱼的老汉正在溪边下网，讥笑他说："跟锯木头一个样，拉得比你爸爸还好听哩！"蹲在埠头洗衣服的老太太也讥笑他说："叫化子胡琴，也算接过了你爸爸的手艺么？"街道上的孩子们追赶着他说："难听死了，难听死了，不如把胡琴送给我们玩吧！"祥儿不管他们说些什么，只顾一边拉一边走。

祥儿走到没有人的地方，周围都是高山，山下都是树林，他拉动弓，自己听着胡琴发出来的声音，觉得很快活。忽然听到有个声音在唤他："小弟弟，想拉好听的调子么？我可以教你。"祥儿四面找，一个人也没有。是谁在说话呢？正在疑惑，那个声音又说："小弟弟，我在这里。你低下头来就看见我了。"祥儿低下头看，原来是一道清澈的泉水，活泼泼地流着，唱着幽静的曲调。水底有许多五色的石子，又圆又光滑，可爱极了。

祥儿高兴地回答说："泉水哥哥，你肯教我，我非常感激。"泉水说："你听着我的曲调，把胡琴和着我的调子拉吧。"祥儿侧着耳朵听，很能懂得泉水用它的曲子讲的什么话，就拉动弓和着，胡琴不再发出锯木头的声音了。胡琴的声音紧跟着泉水的曲调，后来竟合成一体，分不出哪是泉水的哪是胡琴的了。祥哥和泉水都高兴极了，只顾演奏，忘记了一切。后来泉水疲倦了，对祥儿说："小弟弟，你拉得很好了。我想休息一会儿，明天再见吧。"泉水的调子越来越轻，最后它睡着了。祥儿离开了泉水，向前走去。

祥儿拉着新学会的曲调，引起周围的山都发出回声，成为很复杂的调子。他自己听着也很快活。忽然又听到有个声音在唤他："小弟弟，还想学一种好听的调子么？我可以教你。"他四面找，一个人也没有，难道泉水睡醒了，追上来了？正在疑惑，那个声音又说：

"小弟弟,我在这里。你抬起头就看见我了。"祥儿抬起头看,原来是一阵纱一般的风,轻轻地吹着,唱着柔和的曲调。小草们野花们都一边听一边点头。

祥儿高兴地回答说:"风哥哥,你肯教我,我非常感激。"风说:"你听着我的曲调,把胡琴和着我的调子拉吧。"祥儿侧着耳朵听,很能理解风用它的曲子说的什么话,就拉动弓和着,比任何人做任何事儿都用心。胡琴的声音紧跟着风的曲调,后来竟成了一体,分不出哪是风的哪是胡琴的了。祥哥和风都很高兴,一会儿快,一会儿慢,一会儿高,一会儿低,只顾演奏。小草和野花都听得入了迷,好像喝醉了似的都垂下了头。后来风要走了,对祥儿说:"小弟弟,你又学会了一种好听的调子了。我现在要到别处去了,有机会再见吧。"风说完就飘走了。祥儿跟风告了别,又向前走去。

祥儿轮流拉着新学会的曲调,一会儿拉泉水的,一会儿拉风的,不知不觉走进了树林。拉泉水的调子,他就想起了活泼的泉水哥哥;拉风的调子,他就想起了轻柔的风哥哥。忽然又听到一个声音在唤他:"小弟弟,再多学一种好听的曲调,不是更好么?我可以教你。"他四面找,一个人也没有。奇怪极了,除了泉水和风,又有谁自己愿意当他的音乐教师呢？正在疑惑，那个声音又说："小弟弟，我在这里。你向绿叶深处仔细找，就看见我了。"祥儿向绿叶深处仔细找，原来是一只美丽的小鸟儿。小鸟儿机灵地从这根树枝飞到那根树枝，一边跳舞，一边唱着优美的曲调。绿叶围成的空间成了小鸟儿的舞台。

祥儿高兴地回答说："小鸟儿哥哥，你肯教我，我非常感激。"小鸟儿说："你听着我的曲调，把胡琴和着我的调子拉吧。"祥儿侧着耳朵听，很能理解小鸟儿用它的曲子说的什么话，就拉动弓和着。他的手腕越发灵活了，轻重快慢都能随他的心意。胡琴的声音紧跟着小鸟儿的曲调，后来竟合成一体，分不出哪是小鸟儿的哪里胡琴的了。祥儿和小鸟都开心极了，大家眼睛对着眼睛，微微地笑了。后来小鸟儿唱得口都渴了，对祥儿说："你学会的好听的调子越来越多了。我现在渴了，要到溪边去喝点儿水，顺便洗个澡。咱们以后再见吧。"小鸟儿说完，就飞出树林去了。

祥儿的胡琴拉得越来越好，拉出来的调子越来越奇妙。他的调子不是泉水的，不是风的，也不是小鸟儿的，他把三种曲调融合在一起，产生了新的曲调，好像把几种颜色调和在一起，成了新的颜色一个样。他常常去看泉水，看泉水睡醒了没有。泉水对他说："你的曲调比我的好听多了。拉一曲给我听，催我睡着吧！"他常常去看风，跟风谈心。风对他说："你的曲调胜过了我的。拉一曲给我听，让我高兴高兴吧！"他常常去看小鸟儿跳舞，听小鸟儿唱歌。小鸟儿对他说："现在你可以教我了。拉一曲给我听，让我学会你的新曲子吧。"祥儿听他们这样说，心里快乐极了，就尽量把自己新编的曲调拉给他们听。泉水听着，安静地睡着了；风听着，微微地笑了；小鸟儿一边听，一边跟他学。

祥儿跟大自然的一切做朋友，经常把自己编的曲调拉给它们听。它们个个欢喜祥儿，都把自己的曲调演奏给祥儿听。祥儿的胡琴变得越来越奇妙，他能拉许许多多自己编的新鲜曲子。母亲早就快活得不得了，她对祥儿说："你拉胡琴，拉得跟你爸爸一样好了。我非常欢喜。你可以带着爸爸传给你的胡琴，把你自己编的曲子，拉给世界上所有的人听了。"祥儿听母亲这样说，就带着胡琴，离开了小溪边的这所破屋子。

都市里有一所音乐厅，建筑十分华丽，台阶和柱子都是大理石的，舞台上有丝织的帷幕，有用鲜花作的屏障，还有许多金色的装饰品，教人看着眼睛发花。大音乐家都在这里演奏过；演奏的时候音乐厅里坐满了人，男的女的，神态都很高雅，服饰都很华贵。他们闭着眼睛，轻轻地点着头，表示只有他们能够欣赏这样高超的乐曲。一曲完了，他们拍起手掌，轻轻地，很沉着，表示他们从乐曲中得到了快乐。演奏的音乐家的名声就越发增高了。

祥儿来到都市里，音乐厅也请他去拉胡琴。几天之前，街上已经贴满了彩画的大广告。广告上写着："奇妙的调子，新鲜的趣味，田野的音乐家。"这些字写得奇离古怪，格外引人注目。到了祥儿演奏的那一天，音乐厅里坐得满满的，自然都是经常来的老听客。他们都望着台上，张开了嘴，好像等着吃什么好东西似的。

祥儿走上台来了。他仍旧穿着他那半旧的青布衫，提着父亲传给他的那把胡琴。他向听众深深地鞠躬，听众们却在那里皱眉头。"咱们见过几百位上千位音乐家，哪里见过这样的乡下人！这把胡琴难看极了，就跟乞丐手里拿的一个样。"听众们正在这样想，祥儿把弓拉动了，琴弦发出的声音在音乐厅中流动。大家开头还很安静，可以听得十分清楚。可是才一会儿，听众说起话来了，开头还很轻，后来越急越响，好像潮水似的。祥儿的胡琴拉得越急越响，嘈杂的人声紧紧追了上来，而且盖过了胡琴的声音。隐隐约约听得他们在说:"从来没听过这样的曲子!""乏味透了!""不知从哪儿来的乞丐!""是个骗子!冒充音乐家的骗子!""把咱们的耳朵都弄脏了,非赶快回去洗一洗不可!"

听众们都站起来,纷纷走出音乐厅,都去洗他们的耳朵了。老绅士的胡子翘了起来,贵夫人搽着一层粉的脸也胀得通红,公子小姐都在喃喃地咒骂,表示无法忍住他们的愤怒。最后只剩下祥儿一个人站在台上。他再也拉不下去了,提着父亲传给他的那把胡琴,走出了音乐厅,回过头来,对这座大理石的建筑微微一笑。

祥儿回到小溪边,回到自己的又破又小的屋子里。母亲问他:"我教你带爸爸传给你的胡琴,把你自己编的曲子拉给世界上所有的人听,你怎么这样快就回来了?"祥儿回答说:"人家不要听我的曲子,所以我回来了。"母亲笑着,把他的脑袋搂在怀里,对他说:"人家不要听你的,我要听。你不要再出去了,在家里拉给我听吧。听了你的胡琴,我织起草席来更有劲了。"母亲吻着祥儿的双颊,好像他还是个小娃娃。

胡琴的声音常常从又破又小的屋子里传出来。在繁星满天的夏夜,在清风吹来的秋晚,在白雪铺满大地的冬天,在到处开满鲜花的春朝,近的远的村落都可以听到胡琴的声音。泉水琤琤琮琮，风时徐时疾，小鸟儿啾啾唧唧，都跟胡琴的声音相和：田野就成了一个没有围墙的大音乐厅。

祥儿的胡琴带领大自然的一切奏起乐来，那美妙的声音。好像轻纱一般盖在人们的身上。又倦又乏的农夫恢复了精神，又困又累的磨坊工人又来了劲头，被火红的铁屑灼伤的小铁匠忘记了痛，死掉了儿子的老母亲得到了安慰……所有的人都感到甜美，感到舒适。他们异口同声地说："感谢祥哥的胡琴。"而这祥哥的胡琴，正是大理石音乐厅里的听众们所不愿意听的。

1922年4月3日写毕

旅行家

在很远很远的一个星球上，住着一位大旅行家。土星，木星，天王星，海王星，他都游历过了，回家休息了一年，觉得太闷气，又想出门游历。他就提起提包，离开了家。到什么地方去？总要找个有趣的地方才好呀。听说地球上有许许多多人，那些人都很聪明，想出了种种聪明的办法，造成了种种聪明的器具，过着很好的生活：他想，地球一定是个有趣的地方，不能不去看看。他就决定游历地球。

旅行家先寄了一封信到地球上，告诉地球上的人说，他要到地球游历。地球上的人立刻忙起来了，决定用最隆重的仪式来欢迎旅行家，因为他从很远很远的星球上来，是个应当尊敬的客人。他们决定在东海边上，搭起一座很大很大的牌楼，上面插满了各种颜色的鲜花，衬着碧绿的树叶。这里就算地球的大门，让客人从这里进来。凡是能奏乐的都聚集在那里，组成了极大的乐队，等这位贵宾一到，就奏起最好听的曲子来。

旅行家乘了一艘又轻又快的飞艇，离开了他的星球，向地球前进。经过了不可估量的时间和空间，看到了不知多少星星的真面目，他才穿过云层，来到地球的大门前，东海边上。地球上欢迎的人一齐欢呼起来，乐队就奏起最好听的曲子，把东海的波涛声也给盖住了。牌楼上的花儿好像含着笑，还轻轻地抖动着，似乎花儿也知道，它们是来欢迎尊贵的客人的。

旅行家非常快活，他想，地球上的确很有趣，这班人多么可亲可爱，又多么聪明。开过了欢迎大会，地球上的人把旅行家请进一家最讲究的旅馆。他们又推举出一个人来陪伴旅行家。这个人懂得地球上的一切事物，让旅行家在游历的时候可以随时询问。

吃饭的时候，旅行家吃的是最上等的菜，味道鲜美，分量又多，还没吃完，他的胃已经撑饱了；看看旁边陪他的人，还张大了嘴，不断地往下装。他想这一定有缘故，大概地球上好吃的东西生产得太多，不吃掉，地球上就没处存放了。所以他们尽量吃，把胃给撑大了。他没有受过这种训练，胃还很小，只好不再吃了，就站起来出去散步。陪伴他的人在后边跟着他。

出了旅馆，拐了两个弯，旅行家走进一条狭窄的小巷。两旁的人家也在吃饭。他们没有什么菜，摆在他们面前的只有一小碟子咸豆。旅行家觉得有点儿奇怪,难道他们的胃特别小吗?难道他们不爱吃那些味道鲜美的菜吗?想来想去想不明白,他只好问了:"咱们刚才吃的东西那么多,味道那么好,为什么他们只吃一小碟子咸豆呢?"

陪伴的人脸上露出惊奇的神色。他想,这个从遥远的星球上来的客人真有点儿傻气,但是一想到他终究是一位贵宾,就恭恭敬敬地回答说:"他们跟我们不同。你初来这儿,自然不明白,住在这条小巷子里的人都很穷。"

"什么叫做'穷'?穷了就只要吃一小碟子咸豆就够了?想来穷就是胃长得特别小的意思吧?"

"不,不。穷就是没有钱。在我们地球上,有了钱才能换东西。穷人没有钱,即使有,也很少,他们只能换到很少的质地很差的东西。"

"我更不明白了,钱又是什么东西呢?"

陪伴的人从口袋里掏出一个金元来,给旅行家看。旅行家接过金元,看了这一面,又看那一面,翻过来又翻过去。这确实是个可爱的玩意儿,又光亮又轻巧,但是他有点儿不相信。

"这是小孩儿玩儿的东西,真有趣。可是我不信,用这个可以换别的东西。"

"你不信,我换给你看。你想要什么东西?"

旅行家想了想,别的都用不着,乘了这么一趟飞艇,汗衫有点儿脏了,得换一件了。他就说:"我现在需要一件汗衫。"

陪伴的人带着他走出狭窄的小巷子,来到繁华的大街上。在一家商店里,陪伴的人把金元交给商店里的人,商店里的人就拿出一件漂亮的汗衫来。

陪伴的人说:"您看,汗衫不就换来了吗?这是我们地球上最有名的汗衫,用中国出产的蚕丝织的,您看多么轻,多么软,拿在手里几乎没有分量,可以一把捏在手心里。穿在身上,光彩华丽,妙不可言。"

这件汗衫实在好,旅行家看了心里自然欢喜。但是他立刻又产生了怀疑,因为他看到对面来了一个人,拉着一辆大货车,弯着腰,身子成了钩子似的,走一步停一步。这个人穿着一件破衣服,不但汗透了,还沾满了尘土。旅行家就问:"这个人的衣服脏成这个样子,为什么不去换一件新的呢?"

陪伴的人说:"他也是个穷人,哪里有钱去换漂亮的汗衫呢?"

旅行家又问:"我还是弄不明白,为什么东西一定要用钱去换？谁需要什么，爽爽快快地拣来就用，不是很方便吗？"

"我们地球上向来是这样的，我也不知道究竟为了什么。总之，没有钱就不能拿一丁点儿东西。"

"要是拿了呢？"

"不给钱拿人家的东西，就成了强盗，成了贼，就有官吏把他们关起来。关强盗和贼的地方叫做监牢。我们地球上有许多监牢，里面关了很多强盗和贼。过些天，我可以带您去参观。"

"把他们关起来，不是很费事吗？他们被关在里边，不能自由活动，不是很痛苦吗？你们为什么不给他们一些钱，让他们去换他们需要的东西呢？这样一来，官吏也用不着了，监牢也用不着了，不是省了许多事儿吗？"

"各人的钱，各人自己用，谁也不愿意白白地送给别人。刚才我给您换汗衫的钱，不是我自己的，是公家供给的，因为您是我们的贵宾。您吃饭，住旅馆，还有您需要的一切东西，都由公家付钱，因为您是我们的贵宾。"

"这又是什么缘故呢？谁有多馀的钱，分一点给没有钱的人，让他们也能换到需要的东西，岂不大家都很舒服了吗？"

陪伴的人忍不住笑了，他说："谁的钱有多馀，不是可以留在那儿，等到要用的时候用吗？何必白白地分给别人呢？你对我们地球上的情形真个弄不明白吗？"

"原来是这样，我明白了。"

陪伴的人带着旅行家继续往前走。有一家商店，放满了大大小小的各式各样的箱子。旅行家又问："这是什么东西？是拿来玩的，还是有什么用处？"

"用处可大哩！一切有用的东西都可以藏在里面。"

"我又不明白了。你方才说，需要什么东西可以用钱去换，那么只要有了钱就好了，要用什么都可以立刻换到，何必要把东西收藏起来呢？"

"你又不了解我们地球上的人的想法了。现在不用的东西，收藏在箱子里，等到要用的时候拿出来用，不就把钱省下来了吗？即使自己不用，可以留给子孙用，省下的钱，也可以留给子孙买别的东西。这就是要把东西收藏起来的道理。"

旅行家点点头，懂了。但是他的心情不像来到地球之前那样高兴了。他想：地球上的情形并不十分有趣，传说未免有点儿靠不住，看起来地球上的人不见得很聪明，要不，他们怎么想出用钱来换东西的笨法子来呢？

怎么会为了收藏东西，造出箱子这样的笨家伙来呢？为什么有的人可以吃得胃发胀，大多数人只能吃一小碟子咸豆呢？为什么有的人可以穿上中国蚕丝织的汗衫，大多数只能穿又破又脏的衣服呢？他越想越乏味，没有兴致再参观了，恨不得立刻乘上飞艇，回到自己的星球上去。

但是他又想，地球上的人待他很好，口口声声称他为"贵宾"，要是能够想点儿办法帮助他们，也好报答他们的好意。他就到处去考察，把地球上的情形全弄明白了，才回到自己的星球去，临走的时候，他说："我还要到地球来的。谢谢你们盛情接待我，我再来的时候，要带一件很好的礼物来送给你们。"

果然没隔多久，旅行家又来了，仍旧乘了飞艇来的。东海边上，地球的大门口，欢呼的声音，奏乐的声音，比前一回更加热烈。大家都要看一看旅行家带来的是什么礼物，欢迎的人多得站也站不了，有的几乎被挤到海里去。

旅行家把礼物拿出来了，是一张机器的图样。他对欢迎他的人说："我教你们造一种机器，这种机器可以耕田种地，还可以制造各种器具。造起来很容易，使用又很方便。你们愿意试一试吗？"

"愿意！愿意！"大家喊起来，声音像潮水一个样。

旅行家来到铁工厂里，教工人照他的图样造成了许多架机器；他让地球上的人把这些机器安放在田里，安放在市场里。大家争先恐后，要看一看旅行家的机器是怎么使用的，田里市场里都挤满了人。

旅行家把谷种放在机器里，一按机关，这机器就飞快地开动了，不到半分钟，一亩田就播上了种。他又按另一个机关，这机器就开进树林，不到半分钟，就制造出许多精致的桌子椅子。

旅行家对大家说："不论要它做什么事，制造什么东西，都是这个样子。"

大家看呆了，好像见了魔术师一个样。

一个乡下姑娘拿着一绞丝，她想，机器一定能把我的丝制成一件美丽的衣服。她向旅行家提出了她的要求。旅行家把丝放在机器里，按了另一个机关，一件美丽的衣服立刻制成了，又轻又软，光彩鲜艳，跟用中国蚕丝织的没有什么两样。乡下姑娘自然快活非常，大家跟她一个样，也嘻嘻哈哈地笑起来。他们只顾唱：

咱们的新生活来到了！

咱们的新生活来到了！

旅行家跟大家讲，要机器做什么，就按哪一个机关。大家都学会了。

需要钢琴的女郎走到机器旁边，一按机关，就得到了一架钢琴。她用钢琴弹了一支优美的曲子。

需要漂亮衣服的少年走到机器旁边，一按机关，就得到了一套漂亮的衣服。他穿上衣服就去游山玩水了。

需要美味食品的老爷爷走到机器旁边，一按机关，就得到了一份美味食品，自己去享用了。

需要好玩儿的玩具的小妹妹，走到机器旁边，一按机关，就得到了好些玩具，自己去玩儿了。

随便什么人走到机器旁边，只要按一下机关，都能得到他们需要的东西。

地球上的人渐渐忘记了换东西用的钱，忘记了收藏东西用的箱子了。

1922年1月4日写毕

一粒种子

世界上有一粒种子,像核桃那样大,绿色的外皮非常可爱。凡是看见它的人,没一个不喜欢它。听说,要是把它种在土里,就能够钻出碧玉一般的芽来。开的花呢,当然更美丽,不论是玫瑰花,牡丹花,菊花,都比不上它,并且有浓郁的香气,不论是芝兰,桂花,玉簪,都比不上它。可是从来没人种过它,自然也就没人见过它的美丽的花,闻过它的花的香气。

国王听说有这样一粒种子,欢喜得只是笑。白花花的胡子密得像树林,盖住他的嘴,像在树林里露出一个洞——因为嘴笑得合不上了。他说:"我的园里,什么花都有了。北方冰雪底下开的小白花,我派专使去移了来。南方热带,像盘子那样大的莲花也有人送来进贡。但是,这些都是世界上平常的花,我弄得到,人家也弄得到,又有什么稀奇?现在好了,有这样一粒种子,只有一粒。等它钻出芽来,开出花来,世界上就没有第二棵。这才显得我最尊贵,最有权力。哈!

哈！哈！……"

国王就叫人把这粒种子取来，种在一个白玉盆里。土是御花园里的，筛了又筛，总怕它还不够细。浇的水是用金缸盛着的，滤了又滤，总怕它还不够干净。每天早晨，国王亲自把这个盆从暖房里搬出来，摆在殿前的丹陛上，晚上还是亲自搬回去。天气一冷，暖房里还要生上火炉，热烘烘的。

国王睡里梦里，也想看盆里钻出碧玉一般的芽来，醒着的时候更不必说了，老坐在盆旁边等着。但是哪儿有碧玉一般的芽呢？只有一个白玉的盆，盛着灰黑的泥。

时间像逃跑一般过去，转眼就是两年。春天，草发芽的时候，国王在盆旁边祝福说："草都发芽了，你也跟着来吧！"秋天，许多种子发芽的时候，国王又在盆旁边祝福说："第二批芽又出来了，你该跟着来了！"但是一点儿效果也没有。于是国王生气了，他说："这是死的种子，又臭又难看，我要它干么！"他就把种子从泥里挖出来，还是从前的样子，像核桃那样大，皮绿油油的。他越看越生气，就使劲往池子里一扔。

种子从国王的池里，跟着流水，流到乡间的小河里。渔夫在河里打鱼，一扯网，把种子捞上来。他觉得这是一粒稀奇的种子,就高声叫卖。

富翁听见了,欢喜得直笑,眼睛眯到一块儿,胖胖的脸活像个打足了气的皮球。他说:"我的屋里,什么贵重的东西都有了。鸡子那么大的金刚钻,核桃那么大的珍珠,都出大价钱弄到了手。可是,这又算什么呢!有的不只我一个人,并且,张口金银珠宝,闭口金银珠宝,也真有点儿俗气。现在呢,有这么一粒种子——只有一粒!这要开出花来,不但可以显得我高雅,并且可以把世界上的富翁都盖过去。哈!哈!哈!……"

富翁就到渔夫那里把种子买了来,种在一个白金缸里。他特意雇了四个有名的花匠,专门经管这一粒种子。这四个花匠是从三百多人里用考试的办法选出来的。考试的题目特别难,一切种植名花的秘诀都问到了,他们都答得头头是道。考取以后,给他们很高的工钱,另外还有安家费,为的是让他们能安心工作。这四个人确是尽心尽力,轮班在白金缸旁边看着,一分一秒也不断人。他们把本领都用出来,用上好的土,上好的肥料,按时候浇水,按时候晒,总之,凡是他们能做的他们都做了。

富翁想:"这样经心照看,种子发芽一定加倍地快。到开花的时候,我就大宴宾客。那些跟我差不多的富翁都请到,让他们看看我这天地间没第二份的美丽的奇花,让他们佩服我最阔气,我最优越。"他这么想,越想越着急,过一会儿就到白金缸旁边看看。但是哪里有碧玉一般的芽呢?只有一个白金的盆,盛着灰黑的泥。

时间像逃跑一般过去,转眼又是两年。春天,快到请客的时候,他在缸旁边祝福说:"我就要请客了,你帮帮忙,快点儿发芽开花吧!"秋天,快到宴客的时候,他又在缸旁边祝福说:"我又要请客了,你帮帮忙,快点发芽开花吧!"但是一点儿效果也没有。于是富翁生气了,他说:"这是死的种子,又臭又难看,我要它干么!"他就把种子从泥里挖出来,还是从前的样子,像核桃那样大,皮绿油油的。他越看越生气,就使劲往墙外边一扔。

种子跳过墙,掉在一个商店门口。商人拾起来,高兴极了,他说:"稀奇的种子掉在我的门口,我一定要发财了。"他就把种子种在商店旁边。他盼着种子快发芽开花,每天开店的时候去看一回,收店的时候还要去看一回。一年很快过去了,并没看见碧玉一般的芽钻出来。商人生气了,说:"我真是个傻子,以为是什么稀奇的种子!原来是死的,又臭又难看。现在明白了,不为它这个坏东西耗费精神了。"他就把种子挖出来,往街上一扔。

种子在街上躺了半天,让清道夫跟脏土一块儿扫在垃圾车里,倒在军营旁边。一个兵士拾起来,很高兴地说:"稀奇的种子让我拾着了,我一定是要升官了。"他就把种子种在军营旁边。他盼着种子快发芽开花,下操的时候就蹲在旁边看着,怀里抱着短枪。别的兵士问他蹲在那里干什么,他瞒着不说。

一年多过去了,还没见碧玉一般的芽钻出来。兵士生气了,他说:"我真是个傻子,以为是什么稀奇的种子!原来是死的,又臭又难看。现在明白了,不为它这个坏东西耗费精神了。"他就把种子挖出来,用全身的力气,往很远的地方一扔。

种子飞起来,像坐了飞机。飞呀,飞呀,飞呀,最后掉下来,正是一片碧绿的麦田。

麦田里有个年轻的农夫,皮肤晒得像酱的颜色,红里透黑,胳膊上的筋肉一块块地凸起来,像雕刻的大力士。他手里拿着一把曲颈锄,正在刨松田地里的土。他锄一会儿,抬起头来四外看看,嘴边透出和平的微笑。

他看见种子掉下来,说:"吓,真是一粒可爱的种子!种上它吧。"就用锄刨了一个坑,把种子埋在里边。

他照常工作，该耕就耕，该锄就锄，该浇就浇——自然，种那粒种子的地方也一样，耕，锄，浇，样样都做到了。

没几天，在埋那粒种子的地方，碧绿的像小指那样粗的嫩芽钻出来了。又过几天，拔干，抽枝，一棵活像碧玉雕成的小树站在田地里了。梢上很快长了花苞，起初只有核桃那样大，长啊，长啊，像橘子了，像苹果了，像柚子了，终于长到西瓜那样大，开花了：瓣是红的，数不清有多少层，蕊是金黄的，数不清有多少根。由花瓣上，由花蕊里，一种新奇的浓郁的香味放出来，不管是谁，走近了，沾在身上就永远不散。

年轻的农夫还是照常工作，在田地里来来往往。从这棵稀奇的花旁边走过的时候，他稍微站一会儿，看看花，看看叶，嘴边透出和平的微笑。

乡村的人都来看这稀奇的花。回去的时候，脸上都挂着和平的微笑，满身都沾上了浓郁的香味。

1921年11月20日写毕

梧桐子

许多梧桐子，他们真快活呢。他们穿着碧绿的新衣，都站在窗沿上游戏。周围张着绿绸似的帷幕。一阵风吹来，绿绸似的帷幕飘动起来，像幽静的庭院。从帷幕的缝里，他们可以看见深蓝的天，看见天空中飞过的鸟儿，看见像仙人的衣裳似的白云；晚上，他们可以看见永远笑嘻嘻的月亮，看见俏皮的眨着眼睛的星星，看见白玉的桥一般的银河，看见提着灯游行的萤火虫。他们看得高兴极了，轻轻地唱起歌来。这时候，隔壁的柿子也唱了，下面的秋海棠也唱了，石阶底下的蟋蟀也唱了。唱歌的时候有别人来应和，这是多么有趣呀，所以梧桐子们都很快活。

有一颗梧桐子，他不但喜欢看一切美丽的东西，唱种种快活的歌儿，他还想离开窗沿，出去游戏。他羡慕鸟儿，羡慕白云，羡慕萤火虫。他想，要是能跟他们一个样到处飞，一定可以看到更多的美丽的东西，唱出更多的快活的歌儿。离开窗沿并不难办，只要一飞就飞出去了。他于是跟母亲说:"我要出去游戏,到处飞行,像鸟儿那样,像白云那样,像萤火虫那样,我就可以看到更多的美丽的东西,唱出更多的快活的歌儿。回来的时候,我把看到的一切都讲给您听,给您唱许多许多快活的歌儿。"

他的母亲摇了摇头,身子也摆了几摆,和蔼地对他说:"你应该出去旅行,哪有不让你去的道理呢?可是现在,你的身体还不够强壮,再等些时候吧!"

他听了不再作声,心里可不大高兴。他觉得自己已经很胖很结实了,一定是母亲不放他走,什么身体不够强壮,不过是推托的话罢了。他决定不告诉母亲,自个儿偷偷地飞开去。可是飞到了外边,会不会遇上什么困难呢?独自旅行,能不能找到同伴呢?一想到这些,都教他耽心害怕。他于是对哥哥们弟弟们说:"你们羡慕鸟儿吗?羡慕白云吗?羡慕萤火虫吗?你们想看到更美丽的东西吗?想唱出更快活的歌儿吗?这些都是做得到的,只要你们跟我走。我们就可以跟鸟儿一个样,跟白云一个样,跟萤火虫一个样,到处旅行。"

哥哥弟弟的性情都跟他差不多,谁不喜欢出去旅行,看看广阔的世界?他们都拍着手喊起来:"咱们快走吧!咱们快走吧!"

他们换上了褐色的旅行服,站在窗沿下准备着。这时候,绿绸似的帷幕变成黄锦似的了,而且少了许多,变得稀稀朗朗的,因为太阳不太热了。风从稀朗的帷幕间吹来,梧桐子们借着风的力量,都想离开窗沿。大家把身子摇了几摇,还站在窗沿上。只有一颗,就是最先想到要离开的一颗,独自一个飞走了。他多么高兴呀,自以为领了头,带着哥哥们弟弟们到广阔的世界里去旅行了。

他头也不回,只顾往前飞,一会儿高一会儿低。后来,他觉得有点儿力乏了,才回过头去招呼哥哥们弟弟们。啊呀,不好了,他们都飞到哪儿去了呢?他心里一慌,身子就笔直往下掉,头脑里迷迷糊糊的,不知落在了什么地方。

他渐渐清醒过来,看看周围,原来他落在田边上,一个十五六岁的姑娘正在栽菜秧。他才想起了哥哥弟弟,他们不知道在什么时候离开了他。现在要找他们,实在太不容易了。要是找不着他们,独自一个去旅行,他可有点儿不敢。他们总在附近吧,还是飞起来找一找吧。哪儿知道他一动也不能动。他着急了,急得流出了眼泪来,向周围看看,只有一位姑娘。他想,那位姑娘也许能帮他点儿忙吧!

他带着哭声说:"姑娘,您看见我的哥哥弟弟了吗?他们到哪里去了?请你告诉我,可爱的姑娘。"

姑娘只管栽她的菜秧,好像没听见他的话。栽完了六畦。她穿上放在田边的青布衫,两只手扣着钮扣,忽然看见了落在地上的梧桐子,就把他拾了起来。

他在姑娘的手心里,手心又柔软又暖和,真舒服极了。他不再哭了,心里想:"这位姑娘真可爱,她一定知道我的哥哥弟弟在哪里,一定会把我送到他们身边去的。"

姑娘回到自己家里,把他放在靠窗的桌子上。他以为来到哥哥们弟弟们中间了,急忙向周围看,却一个也没有。他又犯愁了,高声喊:"姑娘,我不要留在这里,我要找我的哥哥们弟弟们。请您赶快把我送到他们身边去吧!"

姑娘不理睬他,管自掸去衣裳上的尘土,然后走到窗前,把他拣了起来,用手指捻着玩儿。他好像在摇篮里似的,身子摇来摇去,觉得很舒服。姑娘捻了一会儿,把他扔起来,用手接住,接了又扔,扔了又接。他一忽儿升起来,一忽儿往下落,又快又稳,也非常有趣。可是一想起哥哥弟弟,不知道他们现在在哪儿,心里又很不自在。

姑娘听见她母亲在叫唤了,把他放在靠窗的桌子上就走了。他想:姑娘一走,他更没有希望了。当初站在家里的窗沿上,以为一离开家,要到哪里就哪里,自由极了。哪里想到现在自己做不得主,一动也不能动,不要说到处旅行了,就是想回家去看看母亲,打听一下哥哥们弟弟们的消息,也办不到。他无法可想,只好对着淡淡的阳光叹气。他懊悔没听母亲的话,母亲早跟他说了,"等你身体强壮了,你就可以离开家了。"身体强壮了,一定可以自由自在地到处飞了,可是现在,懊悔也来不及了。

窗外飞来一只麻雀,落在桌子上,侧着脑袋对他看了又看,两只小脚跳跃着,"居且居且"的叫了。他想,麻雀或者知道哥哥们弟弟们的消息,就求他说:"麻雀哥哥,您看见了我的哥哥弟弟吗?他们到哪里去了呢?请您告诉我,可爱的麻雀哥哥。"

麻雀侧着脑袋,又看了看他,跳跃着,又"居且居且"叫了,似乎没听见他的话。麻雀听了一会儿,一口衔住了他,向窗外飞去。

他在麻雀的嘴里,周身觉得很潮润,麻雀用舌头舔他,好像给他挠痒痒似的。他本来很渴了,身上又有点儿痒,所以感到很舒服。他想:"麻雀哥哥真可爱,他一定知道我的哥哥弟弟在哪里,一定会把我送到他们身边去的。"

不知道为什么,麻雀一张嘴,他就从半空里掉了下来。"不好了,又往下掉了,这一回可比前一回高得多,落到地上一定没有命了。我的母亲……"他还没想完,身子已经着地了,他吓得失去了知觉。

其实他好好的,正好落在又松又软的泥里。下了几天春雨,刮了几天春风,他醒过来了。看看自己身上,褐色的旅行服已经不在身上了,换上了一身绿色的新衣,比先前的更加鲜艳。看看周围的邻居,都是些小草,也穿着可爱的绿色的新衣。有了这许多新朋友,他不再觉得寂寞了,可是想起母亲,想起哥哥弟弟,不知道他们怎样了,心里就不大愉快。

他慢慢地长大了,周围的小草们本来跟他一般高,现在只能盖没他的脚背。他的身子很挺拔,站得笔直,真是个漂亮的小伙子。小草们都很羡慕他,跟他非常亲热。他们说:"你是我们的领袖。你跳舞的时候,我们也跳;你唱歌的时候,我们也唱。可惜我们的身子太柔弱,姿势不如你好看;我们的嗓门也太细,声音不如你好听。这有什么要紧呢?我们中间有了个你,你是我们的领袖。"

他感谢小草们的好意,愿意尽力保护他们。刮狂风的时候,下暴雨的时候,他遮掩着小草们。

有一天,一只燕子飞来,歇在他的肩膀上。燕子本是当邮差的,所以他心里很高兴,就写了一封信交给燕子。他说:"燕子哥哥,好心的邮差,我有一封信,是写给母亲和哥哥们弟弟们的。可是我不知道他们在什么地方。请您帮我打听吧;打听到了,就把我这封信给他们看,让他们都能看到。最好能带个回音给我。谢谢您,好心的燕子哥哥。"

燕子一口答应,把信带走了。没过一天,燕子背了一大口袋信回来了,对他说:"你的信来了。他们都给你写了回信哩。"

他快活得不知道说什么好,只是嘻嘻地笑。先拆开母亲的信,他看信上说:"得到了你的消息,我很快活。我现在很好。你的哥哥弟弟跟你一个样,也到别处去了。他们常常有信来。现在告诉你一件事儿,你一定会喜欢的,就是你又要有许多小弟弟了。"

他又拆开哥哥们弟弟们的回信。下面就是他们信上的话:

"那一天你太性急,独自一个先走了。没隔多久,我也离开了母亲,现在住在一个花园里。"

"我离开了母亲,落在人家的屋檐上。修房子的工匠把我扫了下来,我就在院子里住下了。"

"最有趣的是我到过一位小姑娘的嘴里,才停留了一分钟。"

"我的新衣服绿得美丽极了,你的是什么颜色的?"

"我将来也会有孩子的。希望有一天,你来看看你的侄子们。"

他看完信,心就安了。母亲和哥哥弟弟,他们都很好,用不着老挂念他们,只要隔几天写封信去问一问就好了。燕子天天来问他有没有信要送。

他很快活,至今还笔挺地站在那儿,身子只顾往高里长。

1921年12月28日写毕

鲤鱼的遇险

清澈见底的小河是鲤鱼们的家。白天,金粉似的太阳光洒在河面上,又细又软的波纹好像一层薄薄的轻纱。在这层轻纱下面,鲤鱼们过着十分安逸的日子。夜晚,湛蓝的天空笼罩着河面,小河里的一切都睡着了。鲤鱼们也睡着了,连梦儿也十分甜蜜,有银盘似的月亮和宝石似的星星在天空里守着它们。

鲤鱼们从来没遇到过可怕的事儿,它们不懂得害怕,不懂得防备,不懂得逃避。它们慢慢地游来游去,非常轻松,非常快活。有时候大家争夺一片浮萍,都划动鳍,甩动尾巴往上窜,抢在头里那一条衔住浮萍,掉头往河底一钻;别的鲤鱼都头碰在一起,"泼剌"一声,河面上掀起一朵浪花。一会儿,声音息了,浪花散了,河面又恢复了平静。鲤鱼过的就是这样平静的生活。如果你站在岸上,一定不会觉察它们,就跟河里没有它们一个样。

鲤鱼的好朋友是雪白的天鹅和五彩的鸳鸯。它们都能游水，像小船一样浮在河面上。每年秋天，它们从北方飞来，来到小河里探望鲤鱼们，把它们的有趣的旅行讲给鲤鱼们听。鲤鱼们把它们新学会的舞蹈演给天鹅和鸳鸯看。它们高兴极了，每天的生活都是新鲜的，都有非常浓的趣味。因此鲤鱼们都抱着一种信念：凡是太阳月亮和星星照到的地方，都跟它们的小河一样平静，都有要好的朋友，都有新鲜的生活，都充满着非常浓的趣味。

大鲤鱼把它的信念告诉小鲤鱼，鲤鱼哥哥也这样告诉鲤鱼弟弟，鲤鱼姊姊也这样告诉鲤鱼妹妹。大家都说："这话不错，咱们这条河的确如此。咱们这条河有太阳月亮星星照着，因而可以相信，凡是太阳月亮星星照到的地方，都跟咱们这条河一个样。世界多么快活呀！咱们真幸福，生活在这样快活的世界上。"这几句话差不多成了鲤鱼赞美世界的歌儿了。每当太阳快落下去，微风轻轻吹过，河面上好像天国一般的时候，每当月亮才升起来，星星照耀，朦胧的夜色好像仙境一般的时候，鲤鱼们就唱起这首赞美的歌儿来，庆祝它们的幸福生活。

这一天跟平常没有什么两样，河面上来了一条小船。鲤鱼们一点儿不奇怪，常常有孩子们的游船在这里经过。那些男孩子女孩子看见了鲤鱼们，总要把美丽的小脸靠在船舷上，挥着小手招呼它们，带着笑说："鲤鱼们，快来快来，给你们馒头吃，给你们饼干吃。好吃的东西多着呢，鲤鱼们，快来快来！"鲤鱼们就游到水面上来，和男孩子女孩子一同玩儿。

鲤鱼们看到小船，以为孩子们又来了，照旧快快活活地游到水面上来。可是这一回，小船上没有男孩子也没有女孩子；摇橹的是一个从来没见过的人，船舷上歇着十几头黑色的鸬鹚，正仰起脑袋望天呢。

鲤鱼们想，鸬鹚虽然不是老朋友，可是鸬鹚的同类——鸳鸯和天鹅都是我们最要好的朋友，咱们跟鸬鹚一定也可以成为朋友的；朋友们第一次经过这里，理当好好款待。

鲤鱼们这样想着，就用欢迎的口气说："不相识的朋友们，你们难得到这里来，歇一会儿再走吧。我们跟天鹅和鸳鸯都是老朋友，我们相信，你们不久也会成为我们的老朋友的。未来的老朋友，请到水面上来谈谈心吧，不要老歇在船舷上。"鲤鱼的邀请是非常恳切的，它们都仰着脸，等候客人们下水。

船舷上的鸬鹚不再看天了。它们听见了鲤鱼们的邀请，向河里看了看，都扑着翅膀，"扑通……扑通……"跳下水来。看见鲤鱼，它们就一口衔住，跳上船去，吐在一只木桶里。十几只鸬鹚一忽儿上一忽儿下，小河上起了一阵从未有过的骚扰。鲤鱼们才感到害怕，才没命地逃，才钻进河底的烂泥里。那些突然变脸的陌生客人，把它们吓得浑身发抖。

　　不一会儿，小船摇走了，水声跟着水花一同消失了。吓坏了的鲤鱼们才悄悄地从烂泥里游出来。小河恢复了往日的平静，但是恐惧和忧虑充满了鲤鱼们的心。看看许多同伴被那些突然变脸的陌生客人给劫走了，大家忍不住流泪了。陌生朋友还会再来，还会把同伴劫走，谁都处在危险之中，而且时刻处在危险之中。谁想得到这些天鹅和鸳鸯的同类竟是强盗。世界上竟有这样教人没法预料的事儿！鲤鱼们于是产生了一种新的信念：它们的小河现在变了，变得地狱一样可怕。凡是太阳月亮和星星照到的地方，看起来虽然又平静又美丽，实际上都跟它们住的小河一个样，都是可怕的地狱。

　　大鲤鱼把这个新的信念告诉小鲤鱼，鲤鱼哥哥也这样告诉鲤鱼弟弟，鲤鱼姊姊也是这样告诉鲤鱼妹妹。大家都说："这话不错，咱们这条河现在变了。不然，咱们这样恳切地欢迎客人，怎么客人反倒把咱们的同伴劫走了呢！咱们这条河也变了，说不定别的地方早就变了，整个世界早就变了。咱们造了什么孽，碰上了这个可怕的时代！"这几句话差不多成了鲤鱼追念过去的美好的生活的挽歌。

木桶里的鲤鱼们怎么样了呢？木桶里只有薄薄的一片水，鲤鱼们只能半边身子沾着水。它们被鸬鹚一口衔住就吓掉了魂，还不知道被扔进了木桶里。后来有几条醒过来了，觉得朝上的半边身子干得难受。它们只好用一只眼睛朝天看，看到的世界全变了样。它们划动鳍甩动尾巴，可是丝毫没有用，半边身子老贴着桶底。它们不知道今天怎么会弄成这个样子，也不知道如今到了什么地方。它们能看到的只是木板的墙，还有跟自己一样躺着没法动弹的同伴。它们互相问："你知道吗，咱们如今在什么地方？"

大家的回答全一样："我也不明白。我只看到木板的墙，只看到跟你一样动不了身子的同伴。"

"这真是个奇怪的地方，"一条鲤鱼叹了气说，"周围都是墙，又不给咱们足够的水。咱们连动一动身子也办不到，恐怕连性命都要保不住了。咱们再也回不了家，见不着咱们的同伴了。"

一条小鲤鱼闭了闭眼睛，它那只朝着天的眼睛又干又涩。它说："我还想不清楚，咱们怎么会到这个奇怪的地方来的！咱们不是做梦吧？"

一条细长的鲤鱼用尾巴拍了拍桶底，用干渴得发沙的声音说："我想起来了，你们难道都不记得了吗？咱们的小河上来了一条小船，船舷上歇着许多穿黑衣服的客人，跟天鹅和鸳鸯一样也长着翅膀。咱们不是还欢迎它们来着。他们就跳到水里来了。我分明记得一位客人看准我就是一口，后来怎么样，我就不清楚了。我想，一定是那些穿黑衣服的客人把咱们请到这儿来的。"

那条小鲤鱼接嘴说："这样说来，咱们一定在做梦。天下哪会有这样的事儿，咱们欢迎客人，客人却把咱们送到这样的鬼地方来了。"

另外一条鲤鱼悲哀地说："不管做梦不做梦，咱们现在都干得难受。要挪动一下身子吧，鳍和尾巴都不管用。咱们总得想个办法，来解除咱们的痛苦。"

鲤鱼们于是想起办法来。有的说："只要打破这木板墙就成了！"有的说："只要从河里打点儿水来就成了！"有的说："咱们还是忍耐一下吧，痛苦也许就会过去。"办法提出了三个，可是三个办法都立刻让同伴们驳倒了。"身子都动弹不了，能打得破木板墙吗？""打点儿水来固然好，可是谁去打呢？""忍耐可不是办法。没有水，躺在这儿只有等死！"

大家再也想不出别的办法，只有躺着叹气，连划动鳍甩动尾巴的力气也没有了。贴着桶底的那只眼睛只看见一片黑暗，朝天的那只只能看到可恶的木板墙和可怜的命运相同的同伴。它们又谈论起来：

"客人来到咱们家，咱们没有一次不是这样欢迎的。谁想得到这一回上了大当！"

"这不能怪咱们。那些穿黑衣服的强盗不是也长着翅膀吗？咱们以为他们跟天鹅鸳鸯一样和善，一样会接受咱们的好意。谁知道他们竟这样坏！"

"把咱们留在这里，它们有什么好处呢？大家客客气气，亲亲热热，岂不好吗？"

"世界上会有这样的事，真是世界的耻辱！咱们先前赞美世界，说世界上充满了快乐。现在咱们懂得了，世界实在包含着悲哀和痛苦。咱们应当诅咒这个世界。"

"应当诅咒！不要说咱们只是小小的鲤鱼，不要说咱们的喉咙已经干得发沙了。咱们的声音一定能激励所有的狂风，把世界上的悲哀和痛苦一齐吹散。"

"对，对，咱们还有力气诅咒，咱们就诅咒吧！诅咒这木板墙，挡着咱们不让咱们看见外边的木板墙！诅咒那些穿黑衣服的强盗吧，不领受咱们的好意而欺骗咱们的强盗！咱们更要诅咒这个世界，诅咒这个有木板墙和黑衣服强盗的世界！"

它们一齐诅咒。诅咒的声音中含着叹息，含着极深的痛苦和悲哀。

不知过了多少时候，很奇怪，鲤鱼们的身上反而觉得潮润了点儿。难道那些强盗悔悟了，觉得自己做错了事，特地打了水来救助它们了？难道木板墙破了，外边的水渗进来了？大家正在议论纷纷，一条聪明的小鲤鱼看出来了。它说："强盗怎么会来救助咱们呢？木板墙自己怎么会破呢？咱们还没干死，是咱们自己救了自己。大家没觉察吗，沾湿咱们的就是咱们自己的泪水呀！泪水从咱们的心底里，曲曲折折地流到咱们的眼睛里，一滴一滴流出来，千滴万滴，积在自己躺着的这个地方，沾湿了咱们的身子，挽救了咱们快要干死的性命！"

听小鲤鱼这样说，大家都立刻分辨出来了，沾湿自己的身子的确实是自己的泪水，心里都激动极了。它们想，在这个应当诅咒的世界里，居然能够靠自己的泪水来挽救自己，这就不能说在这个世界里已经没有快乐的幼芽了。这样一想，大家心就软了，泪水像泉水一样从它们的眼睛里涌出来。

说也奇怪，鲤鱼们可以活动了，本来只好侧着身子躺着，现在可以竖起身子来游了。木桶里的水越来越多，那水是从鲤鱼们心底里流出来的泪水。

　　鲤鱼们的泪水不停地流，流满了木桶，从木桶里溢出来，流在船舱里。不一会儿，船舱里的泪水也满了，木桶就浮了起来。小船稍稍一侧，木桶就汆到了小河上。

　　鲤鱼们有了水，起劲地游起来，可是游来游去，总让木板墙给挡住了。怎么办呢？有了水还得不到自由吗？一条鲤鱼使劲一跳，跳出了木板墙；四面一看，又细又软的波纹好像一层薄薄的轻纱，不就是可爱的家了吗？它快活极了，高兴地喊："你们跳呀，跳出可恶的木板墙就是咱们的家！我已经到了家了！"

　　大家听到呼唤，用尽所有的力气跳出了木板墙。木桶空了，浮在河面上不知漂到哪儿去了。

　　留在家里的鲤鱼们都来迎接遇难的同伴，流了许多激动的泪水。天鹅和鸳鸯恰好从北方飞来，好朋友相见，不免又流了许多激动的泪水。所以小河永远没有干涸的日子。

1922年1月14日写毕

克宜的经历

克宜是个农家的孩子。他帮父母种田，举得起小小的锄头，认得清稻和麦的种类，辨得出泥土和肥料的性质。什么鸟儿是帮助农人捕捉害虫的，什么风是吹醒一切睡着的花草的，他完全明白。早晨下田，他第一个跟起早的太阳打招呼。夜晚上床，月亮陪伴着他，轻轻地把柔美的梦覆盖他的全身。他没有什么不快乐的念头，从来不知道不快乐是什么滋味。

从都市里回来的人告诉克宜的父母说："都市里真快乐，快乐的生活是咱们想象不到的。这一回我看了一遍，好像做了个美丽的历乱的梦，讲不出是什么样的快乐，但是的确快乐极了。咱们都老了，不一定要住在那样快乐的地方。咱们的儿子年纪都还很轻，不可不叫他们到那里去住住。不然，咱们不把幸福指点给他们，实在有点儿对不起他们。"

克宜的父母听了这样的话，心里很感动。他们对克宜说："邻家伯伯从都市回来，说那里快乐得说也说不明白。你是个年轻的孩子，应当到那里去住住，享受点儿快乐。我们因为爱你，知道了幸福在哪里，总要给你指点明白。"

克宜很孝顺，父母的嘱咐，他没有不听从的。这一回，父母要他到都市里去，他自然很顺从地答应了。

父母又说："既然你很愿意去，你就放下手里的锄头，早点儿动身吧。"

克宜放下锄头，辞别了父母，离开了自己家的田地，走了几步，觉得有点儿舍不得，又回了转来。他跟田里的庄稼说了些告辞的话，又跟鸟儿合唱了几支离别的歌。他向风说："您不怕走远路，送我一程吧！"他对太阳说："隔几天我再跟您请早安吧。您回去的时候遇见月亮，请您叮嘱她不要记挂我，不要过分伤心。"

跟所有的朋友一一告了别，克宜才转身向前走。风听他的话，跟随着他，一阵又一阵，带着田野里的花香。他觉得好像还在田里耕作。

克宜走了一程，觉得有点儿疲倦，坐在一棵大树底下休息。风还一阵一阵地送来花香。他渐渐地朦胧了，忽然一阵又轻又脆的扑翅膀的声音惊醒了他，就在他头顶上。他抬头一看，原来一只蜻蜓撞在蜘蛛网上给网住了。

他仔细听,那蜻蜓正在哀求他帮助呢:"善良的青年人,您救救我吧。我被网住了半天了,再不想法逃脱,坐在网中央的那个魔王就要把我给吃了。善良的青年人,只要您一举手,我就有命了。快救救我吧!"

克宜听了,觉得蜻蜓很可怜,就拾起一根树枝,举起来轻轻一拨,蜻蜓就脱离了罗网。

蜻蜓拿出一个小圆筒似的镜子来,对克宜说:"这镜子同我们蜻蜓的眼睛一个样,可以看见人的眼睛看不见的事物。您要知道一切事物将来会是什么样子,用这镜子一照就成了。您救了我的命,我把这镜子送给您作为报答。"

蜻蜓说完,扑着翅膀飞走了。克宜藏好了镜子,他不再休息,一口气跑进了都市,在一家店铺里当学徒。

在店铺里,克宜认识了许多许多东西,都是以前没见过的。一个方匣子,上面有几支针自己会转动,隔一会儿会自己发出钟声来。他听人说这叫做"钟",又听人说敲五下六下的时候是早晨,晚上敲十二下的时候是半夜。许多垂垂下挂的灯,不用添油,不用点火。他听人说这叫做"电灯",到晚上自然会亮,到天晓自然会灭。街上一个人坐在有两个轮子的东西上,这东西有两根长柄,由另一个人拖着飞跑。他知道了,这叫做"人力车"。一个又矮又阔的怪物,到晚上,怪物的巨大的眼睛放出耀眼的光,载着几个人飞驰而过。他知道了,这叫做"摩托车"。一所玻璃的小屋子,里面挤满了人,不用人拖,不用牛拉,跟又矮又阔的怪物一样,也能自己飞跑。他知道了,这叫做"电车"。

但是他看不见他的老朋友。田里的庄稼,发散着香气的泥土,会飞会唱的鸟儿,送来花香的风,在城市里,他统统找不到。虽然新鲜的东西是那样有趣,但是他真挚地记挂着他的老朋友们。

第二天早上,他在床上醒来,一向的习惯,张开眼睛总是很明亮,可是为什么只看到漆黑的一片呢?天还没有亮吗?醒得太早了吗?他疑惑极了,走到窗边向外面张望,街上也很暗,电灯还没有熄灭,放出惨淡的光。他以为还在夜里,可是钟敲起来了,一下,两下,……六下,不明明是早晨了吗?

早晨的太阳哪里去了,为什么不来跟他打招呼呢?起了床就应该做事儿,现在做什么事儿呢?他感到一种忍受不了的沉闷和压迫,很不舒适。但是黑暗包围着他。怎么才能打破这黑暗的包围,畅快地透一口气呢?

他要漱口,不知道有水;他要洗脸,不知道哪儿有脸盆和毛巾。他只好默默地坐在大海似的黑暗中,细细辨别那刚尝到的不愉快的滋味。钟敲了七下，又敲了八下，才有一些淡淡的光从窗口透进来。一切全都沉寂，只听得那个钟"滴答滴答"，响个没有完。

他回想在家的时候，这会儿满耳朵都是高兴的声音。晨风在村中在田里低唱，鸟儿成群地唱着迎接太阳的颂歌，在田间劳动的同伴互相问答，间着水车旋转的咿呀声，锄头着地的砰砰声。村里的鸡此起彼伏啼个不止，黄牛也偶然仰天长鸣一声……想起这些，他更耐不住这里的寂寞凄凉，屋里屋外都冷清清的，有点儿像坟墓。他无可奈何，取出蜻蜓送给他的镜子来摆弄，看看它究竟有什么神异。

他拿起镜子，看师傅和师兄弟的床。他们的帐子都掩着，都还没做完他们的梦。他想用镜子照一照他们，看他们在镜子里会出现什么形象，倒是一件有趣的事儿。他就揭开一位师傅的帐子，把镜子凑在眼睛上一照。怕极了！怕极了！那位师傅只剩下皮包骨头，脸上全没血色，灰白得吓人。这不是跟死人一个样吗？他不敢再看，立刻放下帐子。他想，再照照别的人看，或者会有好看的形象。他就拣了一位肥胖的师兄，揭开他的帐子，把镜子凑在眼睛上一照。怕极了，怕极了，那个师兄也瘦得只剩皮包骨头，脸上毫无血色，灰白得吓人。这不是跟死人一个样吗？他不敢再看，立刻放下了帐子。

好奇心驱使着他，他用镜子照遍了所有睡着的人，都吓得他不敢再看。他想："这里不是个好地方，我明明看到了他们将来会是什么样子了。还是早早离开的好。"他离开了那家店铺，进一所医院去当了练习生。

在医院里，克宜头一回看见害病的人，嗅到药水的气味。那一夜他值班，在一间病室里任看护。病室里有八张床，都躺着病人。夜已经很深了，钟已经敲过一下。窗外只有树叶被风吹动的声音，沙沙地使他感到害怕。室内充满了病人痛苦的呻吟：有的突然叫喊起来；有的声音颤抖，拖得很长；有的毫无力气，低声呼唤；也有不断喊妈的，可是没人答应。克宜听着，心里难受极了，从来没经历的凄惨把他包围住了。

听医院里的人说，病室里的八个人，有四个是从电车上摔下来受的伤，两个是开摩托车不小心，和别的车辆相撞受的伤。受伤最重的一个断了腿骨，医生给他接好了，用木板绑着，固定在一个坚固的架子上，防他受不住痛而牵动，挣脱了接笋。连连呼叫"妈，快来吧！妈，快来吧"的，正是这个病人。

克宜受不了这种凄惨的声音和景象，就取出蜻蜓送给他的神异的镜子来摆弄。电灯光照得室内一片惨白,有什么可照的东西呢?所有的就是这八个病人。他就拿起镜子凑在眼睛上,看这些病人。奇怪极了!奇怪极了!他们的腿和脚又细又小,就跟鸡的爪子一个样;放下镜子再看,他们跟平常人没有多大差别。

克宜又奇怪又疑惑。医生来检查病人了,后边跟着几个助手。克宜想,他们都是健全的人,用镜子照着看,想来不至于有什么变化。他暗地里取出镜子来凑在眼睛上。太奇怪了!太奇怪了!他们的腿和脚也又细又小,也像鸡的爪子似的,跟八个病人的丝毫没有两样。他想:"这里不是个好地方,我明明看到了他们将来的腿和脚。还是早早离开的好。"他就离开了那所医院,进一座剧院去当了职员。

夜戏开场了,喧闹的音乐,刺耳的歌唱,他听了觉得头脑发瓮。满院子的看客看得正起劲,个个现出高兴的笑容。男的吸着烟卷,女的扬着蘸透香水的手巾,也有吃东西的,谈话的,都表现出他们既舒适又悠闲。演员唱完一段,他们跟着一阵喝采,告诉别人他们是能够欣赏的行家。

克宜听着一阵阵的喝采声,耳朵里难受极了,嗅着人气混着烟味和香水味,鼻子也很不舒服。他的手心和额角有点儿焦热,身子也站不稳了。他想:"这里的工作大概太累了,不如取出神异的镜子来散散心吧!"他就把蜻蜓送给他的镜子,凑在眼睛上。

奇怪的景象在镜子里出现了。那些看客个个只剩皮包着骨头,脸上全没血色,灰白得吓人,腿和脚又细又小,像鸡的爪子似的,跟在医院看到的那些人一模一样。他们不能行走,不能劳动,得不到一切吃的东西,只好在那里等死。放下镜子再看,满院子都是高贵的舒适而悠闲的看客。

他不敢再看,立刻奔出了戏院。他想:"我为什么还不回去呢?明明看见了都市里的人们的将来的命运。"他连夜向自己的家乡奔去,不管路上怎样黑暗。

天刚刚亮,他跑到了自家的田地旁。晨风轻轻地吹,带着新鲜的花香。他欢呼着:"风,我的好朋友,你送我动身,又迎我回来了!"太阳从很远的地平线上露出第一缕光芒,使大地上的一切都饱含生意。他欢呼着:"太阳,我的好朋友,我又来向你问好了。月亮好吗?她昨夜晚跟你谈起了我吗?"鸟儿们早已唱得很热闹了。他欢呼着:"鸟儿们,我的好朋友,你们唱吧,我又回到你们的队伍里来了!"田里的庄稼一齐向他点头。他感动得流下眼泪来,欢喜得话也说不成了,只是喃喃地说:"我的宝贝……我的宝贝……"

　　正要回家去看父母,他忽然想起了那神异的玩意儿:为什么不在这儿也照一照呢?他取出蜻蜓送给他的镜子,凑在眼睛上一看。他快乐得大声叫喊起来:"将来的田野,美丽极了,有趣极了,真会有这样的一天吗?"

1922年4月12日写毕